Karl-Heinz Scheffler

Einstieg türkisch

Herausgegeben von Christof Kehr

Hueber Verlag

Bildernachweis:
Coverfotos: Vordergrund © Illuscope
Hintergrund © Bildagentur-online/Renaud Visage
Alle Fotos von Christof Kehr, Hedwig Nosbers
und Guido Volkinsfeld, Mainz

4. 3. 2. | Die letzten Ziffern bezeichnen
2011 10 08 08 07 | Zahl und Jahr des Druckes.
Alle Drucke dieser Auflage können, da unverändert,
nebeneinander benutzt werden.
2. Auflage 2005

Umschlaggestaltung: Parzhuber & Partner, München
Redaktion und Lektorat: Christof Kehr und Dr. Hedwig Nosbers, Mainz
Layout und Satz: Leo58, München; Guido Volkinsfeld, Mainz
Druck und Bindung: Ludwig Auer GmbH, Donauwörth
Printed in Germany
ISBN 978-3-19-005298-1 (Package)
1.5298 (Buch)

Inhalt

Ein Wort zuvor 5
Gebrauchsanweisung 6

Lektion 1: Willkommen 8
Lektion 2: Wie heißen Sie? 14
Lektion 3: Was arbeiten Sie? 20
Lektion 4: Wollen wir uns treffen? 26
Test 1 32

Lektion 5: Kann ich mit Sibel sprechen? 34
Lektion 6: Wie viel kostet das? 40
Lektion 7: Nehmen Sie auch Devisen? 46
Lektion 8: Wann machen die Läden auf? 52
Test 2 58

Lektion 9: Einfach oder hin und zurück? 60
Lektion 10: Wo steigen Sie aus? 66
Lektion 11: Was kann man hier besichtigen? 72
Lektion 12: Am Gang oder am Fenster? 78
Test 3 84

Lektion 13: Ich habe Lust auf Suppe 86
Lektion 14: Ich habe Hunger 92
Lektion 15: Die Rechnung bitte 98
Lektion 16: Alle zusammen 104
Test 4 110

Lektion 17: Herz oder Seele? 112
Lektion 18: Der Ruf des Muezzin 118
Lektion 19: Waren Sie beim Arzt? 124
Lektion 20: Pass auf dich auf 130
Test 5 136

Anhang

Lösungsschlüssel 138
Kurzgrammatik 151
Wörter von A–Z 160

Ein Wort zuvor

Zugegeben: wir Deutschen verdanken den Türken den Kaffee, den *Döner* (dünnes Fleisch vom Drehspieß) sowie den Gemüseladen um die Ecke. Aber muss man deswegen gleich Türkisch lernen? Immerhin, gut zweieinhalb Millionen Türken in Deutschland beschäftigen ganze Heerscharen von Verwaltungsbeamten, Juristen, Finanzberatern, Betriebsräten, Lehrern, Sozialarbeitern, Künstlern. Deutschland, der mit Abstand wichtigste Handelspartner der Türkei, setzt unzählige Geschäftsleute ins Brot. Und unter den Teutonen haben sich die landschaftlichen und kulturellen Attraktionen der Türkei längst herumgesprochen. Mit alljährlich fast 30% aller Türkei-Touristen stehen die Deutschen an der Spitze.

Die zum Teil komplizierten deutsch-türkischen Beziehungen begannen nicht erst mit jenen 2500 ersten „Gastarbeitern", die im November 1961 in Düsseldorf eintrafen. Schon ehe das deutsche Wirtschaftswunder nach zupackenden Männern verlangte, hatten „Mehmet" und „Hans" zwei bewegte Jahrhunderte alliierter Geschichte hinter sich. Pergamonaltar, Schliemann, Bagdadbahn, dann das Militärbündnis im Ersten Weltkrieg sind Stichworte, an die sich ganze Enzyklopädien anschließen. Die Liste ließe sich beliebig verlängern, auch um Schlager, Moden und Theaterstücke „alla turca" oder um Einzelschicksale in Zeiten ohne Integrationsdebatten und doppelte Staatsbürgerschaft.

Sie werden beim Lernen mit diesem Buch Peter Hassan begegnen. Seine türkischen Vorfahren, als Kriegsbeute an den preußischen Hof gekommen, ließen sich taufen und wurden bald zu einer ganz normalen Berliner Familie. Peter Hassan, der jüngste Spross, reist nach Istanbul, um Material für eine Ausstellung „Türken an der Spree" zu sammeln. In den 40 aussagekräftigen Dialogen dieses Lehrgangs zeigt er Ihnen, wie man mit knapp 400 Wörtern viel erfahren, selbst sagen und – vor allem – sich Freunde schaffen kann.

Karl-Heinz Scheffler

Gebrauchsanweisung

Konzipiert wurde dieser Kurs als Selbstlernkurs. Aber auch als Lehrwerk im Klassenzimmer kann *Einstieg türkisch* zum Einsatz kommen. Wer allein arbeitet, findet all die Hinweise und Kommentare, mit denen Lehrer und Lehrerinnen normalerweise ihren Unterricht gestalten würden, in der farblich abgesetzten Randspalte – von Erläuterungen zu den einzelnen Übungen über grammatische Regeln bis hin zu griffigen Eselsbrücken.

Sie finden in diesem Buch 20 Lektionen. Jeweils vier sind zu einem Kapitel zusammengefasst. Das Kapitel 1 dreht sich ums Kennenlernen, Vorstellen & Grüßen. Die nachfolgenden Kapitel behandeln dann die Themen Einkaufen, Reisen, Essen & Trinken und schließlich Erzählen & Plaudern. Alle Lektionen sind gleich aufgebaut. Sie finden sich also immer sofort zurecht:

- Der Einführungstext. Auf der ersten Seite jeder Lektion beschreibt ein deutscher Einführungstext, was Peter Hassan in der Türkei erlebt und worum es in den beiden Dialogen der Lektion gehen wird.
- Neue Wörter und Dialog A. Auf Seite 2 wird's ernst. Zuerst werden alle neuen Vokabeln der Reihe nach vorgestellt, dann folgt der Dialog, ein kurzes Gespräch zwischen Peter und einem der vielen Menschen, die ihm auf der Reise begegnen. Dies alles finden Sie auch auf der CD/Kassette, die Sie sich am besten gleich ein paar Mal anhören. Wer mutig ist, spricht halblaut mit, so prägt sich manches besser ein.
- Übungen, Übungen. Auf der dritten Seite beginnen die Übungen: Wortschatzübungen, Verständnisfragen, grammatische Kniffeleien, Lückentexte und Kommunikationsübungen. Einige dieser Übungen beziehen sich auf die CD/Kassette, schulen also vor allem Ihr Hörverstehen. Wenn Sie bei der einen oder anderen Übung nicht weiter wissen, dürfen Sie im Schlüssel am Buchende nachschauen. Ansonsten gilt die Regel: Nur wer nichts macht, macht auch keine Fehler.
- Nachdem Sie die erste Hälfte der Lektion hinter sich haben, wiederholt sich das Ganze. Der zweite Teil der Lektion bringt weitere neue Wörter und einen Dialog B.
- Weitere Übungen helfen dabei, das neu Gelernte einzuschleifen.
- Lesetext. Der Lesetext am Ende jeder Lektion ist die Belohnung für fleißiges Lernen. Hier finden Sie Informationen über das Leben in der Türkei. Je mehr Sie von Geschichte und Kultur verstehen, umso leichter fällt es Ihnen auch, mit der Sprache vertraut zu werden.

Was Sie sonst noch erwartet

- Nach jeder Lerneinheit (also nach den Lektionen 4, 8, 12, 16 und 20) kommt ein kleiner Test, den Sie hoffentlich mit Bravour meistern. Wer schummeln möchte – nur zu: Den Schlüssel finden Sie im Anhang.
- Besagter Schlüssel hält neben den Antworten zu den Tests auch alle Lösungen zum Übungsteil bereit. Darüber hinaus finden Sie hier noch interessante Informationen und hilfreiche Tipps.

- Ein kurzer Grammatiküberblick fasst das Gelernte zusammen: Das haben Sie gelernt und das sollten Sie auch beherrschen: Tätigkeitswörter, Zeiten, Einzahl – Mehrzahl, Fürwörter ...
- Die Wörterliste beinhaltet alle türkischen Wörter, die in diesem Buch auftauchen. Wenn Sie alle Dialoge durchgearbeitet haben, entspricht diese Liste nun genau Ihrem aktiven und passiven Wortschatz: Alle Wörter können Sie nun sowohl richtig benutzen als auch verstehen.

Die Hörtexte auf CD/MC

Das Lernen einer Fremdsprache sollte alle Sinne ansprechen. Ein Video haben wir zwar nicht im Angebot, doch die CDs/Kassetten sorgen zumindest für die Schulung Ihres Hörverständnisses und sensibilisieren Ihr Ohr für die richtige Aussprache. Zwar gibt es regionale Unterschiede in der türkischen Aussprache, aber keine Sorge: Mit den von den Sprechern gesprochenen Standards wird man Sie überall verstehen. Für das Hören der CD/Kassette schlagen wir vor:

- Erstes Anhören bei geöffnetem Buch. Auf die Aussprache achten: Wie hängen Schriftbild und Aussprache zusammen? Versuchen Sie, sich die Bedeutung einzuprägen. Zur Not ein paar Mal hintereinander reinhören. Nach jedem Wort lassen wir eine kleine Pause, die Ihnen Zeit zum Nachsprechen gibt. Keine übertriebene Zurückhaltung: Gewöhnen Sie sich schon frühzeitig an Ihre Stimme in der Fremdsprache.
- Der Dialog A sollte, nachdem Sie die Wörter geübt haben, keine großen Schwierigkeiten mehr bereiten. Alle neuen Wörter lernen Sie jetzt im Kontext kennen. Achten Sie auf die Satzmelodie und Intonation. Äffen Sie guten Gewissens nach, was die Sprecher Ihnen vormachen. Ein bisschen Übertreibung schadet dabei sicher nicht.
- Mindestens eine Übung pro Lektion findet sich auch auf CD oder Kassette. Legen Sie das Buch mal aus der Hand, verlassen Sie sich auf Ihr Gehör. Ein kurzer Gong sagt Ihnen, wann Sie mit Sprechen an der Reihe sind. Die Lösung folgt dann im Anschluss.
- Für den zweiten Teil der Lektion (Dialog B und nachfolgende Übungen) gilt das oben Gesagte entsprechend.

Viel Erfolg! Oder wie's auf Türkisch heißt: *Başarılar dilerim!*

Alle Vokabellisten, Dialoge und Übungen, die Sie sich von CD/Kassette anhören können, sind mit diesem Piktogramm versehen:

Die beiden Ziffern geben an, auf welcher CD unter welcher Tracknummer die entsprechende Übung zu finden ist. Wer mit der Kassette arbeitet, tut gut daran, beim ersten Hören aufs Bandzählwerk zu schauen und sich zu jedem Dialog den jeweiligen Zählerstand zu notieren.

1 Willkommen

Kontaktaufnahme

Grundregel: freundliche Miene, Austausch von Höflichkeiten. Bei einer ersten Begegnung unter modernen Städtern, männlich wie weiblich, gilt: Händedruck, keine stechenden Blicke.

Tradition

Wieder auf dem Vormarsch: Allahs Gebote. Um nichts falsch zu machen: wie oben, aber zwischen Mann und Frau besser ohne Händedruck. Distanz zwischen *erkek* (Mann) und *kadın* (Frau) gilt um so mehr, je a) ländlicher, b) östlicher. Besonders da, wo Tschador-ähnliche Umhänge deutlich „Islam“ signalisieren. Dennoch: Bemühungen, *kibar* (höflich) zu sein, lassen Tabuverletzungen aus Unkenntnis rasch vergessen.

Berlin – Istanbul! Peter Hassans Vorfahren brauchten dazu noch Wochen. Er selbst schafft es in knapp drei Stunden. Beim Landeanflug schluckt er gegen den wachsenden Druck in den Ohren an und überlegt, was zuerst zu erledigen ist: Duty Free-Cognac kaufen, Geld wechseln, vor allem aber – Flugzeugklos sind ihm verhasst – nach einer *tuvalet* (Toilette) Ausschau halten.

Zum Glück ist die Schlange vor der Kontrolle nicht lang. *Merhaba.* (Guten Tag!) Ohne aufzusehen, stempelt ihm die Beamtin das Visum in den Pass: Drei Monate! Danach wird es schwieriger. Jenseits der automatischen Türen zur Empfangshalle erwartet ihn ein unsägliches Gewühl. Wie sich mit dem Koffer da durchkämpfen? *Pardon! Pardon!* (Verzeihung!) rufend, bahnt er sich langsam eine Gasse. Und wie Ali Akkaya erkennen? Der Bibliothekar vom Deutschen Archäologischen Institut wollte ihn doch abholen? Plötzlich spricht ihn jemand an. *Affedersiniz, Peter bey misiniz*? (Entschuldigen Sie bitte, sind Sie Herr Peter?) *Evet* (Ja), sagt er erleichtert. *Ali Akkaya? Ali bey misiniz?* (Ali Akkaya? Sind Sie Herr Ali?)

Erst im Taxi finden sie Zeit, sich zu begrüßen. Ali Akkaya, verlegen lächelnd, murmelt eine Entschuldigung für das Chaos am Flughafen und gibt seinem Gast die Hand: *Türkiye'ye hoş geldiniz!* (Willkommen in der Türkei!) Peter Hassan schlägt dankbar ein. *Hoş bulduk* (Antwort auf den Gruß *hoş geldiniz*). Dann lässt er sich erschöpft ins Polster sinken.

A Nasılsınız? 1

1/2

affedersiniz	entschuldigen Sie/ entschuldigt bitte
evet	ja
... bey	Herr ...
misiniz?	sind Sie/seid Ihr?
Merhaba	Guten Tag!/Hallo!
Nasılsınız?	Wie geht es Euch/Ihnen?
İyiyim.	Mir geht es gut.
ben	ich
de	auch

Affedersiniz.	Entschuldigen Sie bitte.
Evet?	Ja?
Peter bey misiniz?	Sind Sie Herr Peter?
Evet!	Ja!
Peter Hassan?	Peter Hassan?
Evet. Ali bey misiniz?	Ja. Sind Sie Herr Ali?
Evet! Merhaba, Peter bey.	Ja! Guten Tag, Herr Peter.
Merhaba, Ali bey. Nasılsınız?	Guten Tag Herr Ali. Wie geht es Ihnen?
İyiyim. Nasılsınız, Peter bey?	Mir geht es gut. Wie geht es Ihnen, Herr Peter?
Ben de iyiyim.	Mir geht es auch gut.

Aussprache

Weicht wenig vom Schriftbild ab. Jeder Buchstabe steht für einen bestimmten Laut. Neu für deutsche Muttersprachler ist nur:

ı = kurz wie das e in kommen
ş = sch
y = deutsches j
v = w
z = weich wie das s in Frisör

bey und *hanım*

soyadı (Nachnamen) im europäischen Sinne gibt es erst seit 1926. Für amtliche Eintragungen sind sie wichtig, im täglichen Umgang aber dominiert nach wie vor die klassische Anrede mit Vornamen plus dem nachgestellten ... *bey* (Herr ...) oder ... *hanım* (Frau ...).

Du oder Sie?

In der Türkei gelten überall Rang-Ordnungen. Reihenfolgen der Anrede, Körpersprache, vor allem jedoch Begriffe wie *ağabey* (gesprochen: aabi; älterer Bruder) oder *abla* (ältere Schwester), die Verwandschaftsverhältnisse wiedergeben, differenzieren weit mehr aus als „du“ oder „Sie“. Siezen ist nur dort nötig, wo die alte Welt ins Wanken gerät: bei Behörden und unter modernen Städtern.

Machen Sie sich mit den Abweichlern *ı, y, v, z* vertraut und auch damit, dass Türken nicht nur Ali und Mustafa heißen. Aussprache: *ş* = sch

1. Sind Sie ...?

1/3

Affedersiniz, **Nazım bey** *misiniz?*

1. Nazım bey
2. Şerif bey
3. Yeter bey
4. Veli bey
5. Zafer bey
6. Hakkı bey
7. Şükrü bey
8. Yaman bey

Schielen Sie mit dem einen Auge nach der Dialog-Seite, mit dem anderen nach den hier vorgegebenen Wörtern. So sollten Sie die Löcher in dieser Übung mühelos stopfen können.

2. Was passt wo?

ben de – merhaba – nasılsınız – bey – Müller – *evet – misiniz*

1. Affedersiniz, Ali __ _____?
2. _____. Stefan _____? Stefan bey misiniz?
3. Evet. _____, Ali bey.
4. Merhaba. _____ ?
5. İyiyim. _____ ?
6. _____ iyiyim.

Hier müssen Sie die Sätze so anordnen, dass ein sinnvoller Dialog entsteht. Die Sätze einfach durchnummerieren. Kleine Hilfe: Einfach ans Schema des A-Dialogs halten.

3. Die richtige Reihenfolge

_____ İyiyim. Nasılsınız?
_____ Evet. Merhaba, Christof bey.
_____ Evet. Mustafa Erbakan? Mustafa bey misiniz?
_____ Affedersiniz, Christof bey misiniz?
_____ Ben de iyiyim.
_____ Merhaba, Mustafa bey. Nasılsınız?

i-Tüpfelchen! Wenn schon, dann auch beim Großbuchstaben: *İyiyim* oder *İstanbul.*

4. Füllen Sie auf – mal links, mal rechts

1. ______________________. – Merhaba.
2. Nasılsınız? – ________________.
3. Mustafa _____ misiniz? – Evet.
4. Süleyman Demirel __________? – Evet, Süleyman Demirel.

B Nereye?

Türkiye	Türkei
-ye, -ya	hin, nach, zu (angehängt)
Hoş geldiniz!	Seien Sie/Seid willkommen!
Hoş bulduk!	Ich freue mich/Wir freuen uns.
nereye?	wohin?
gidiyorsunuz	gehen Sie/geht Ihr
Efendim?	Wie bitte?
tuvalet	Toilette
hayır	nein
hangi?	welche(-r, -s)?
bölge	Gegend, Gebiet
Ya siz?	Und Sie/Ihr?

Merhaba. Türkiye'ye hoş geldiniz.	Guten Tag. Willkommen in der Türkei.
Merhaba. Hoş bulduk.	Guten Tag. Freut mich.
Nereye?.	Wohin?
Efendim?.	Wie bitte?
Nereye gidiyorsunuz?	Wohin gehen Sie?
Affedersiniz, tuvalete.	Mit Verlaub, zur Toilette.
Hayır. Hangi bölgeye?.	Nein. In welche Gegend?
İstanbul'a. Ya siz?	Nach Istanbul. Und Sie?

Anhängsel

Vergessen Sie alles, was Sie z. B. über Hilfsverben (werden, haben, sein), Relativpronomen (das Buch, das), Dass-Sätze oder Präpositionen (in, auf, von etc.) wissen. Im Türkischen leisten so was meistens Anhängsel (*iyi-yim* = gut – ich bin), die drei-, vier-, fünffach hinten drangepackt werden können.

Vokalharmonie

Wie jene Anhängsel im Einzelnen ausschauen, entscheidet eine „Vokalharmonie" genannte Unterteilung der 8 türkischen Selbstlaute in 2 Gruppen:
Gruppe I – vordere: *e, i, ö, ü*
Gruppe II – hintere: *a, ı, o, u*
Hauptregel: Der letzte Selbstlaut im Wort bestimmt denjenigen, der im Anhängsel folgt.

Richtungsanhängsel

Achtung: Nur Anhängsel an Eigennamen durch Apostroph (') absetzen.

Gruppe I → *-e (-ye)*
İzmir'e – nach Izmir
(endet Wort auf Selbstlaut: *Ali'ye* = zu Ali)

Gruppe II → *-a (-ya)*
İstanbul'a – nach Istanbul,
(endet Wort auf Selbstlaut: *Fatma'ya* = zu Fatma)

Eigen- und Ortsnamen werden groß geschrieben. Üben Sie am Beispiel des Richtungsanhängsels die Vokalharmonie!

1. Willkommen in ...

*İstanbul'**a hoş geldiniz**.*

1. İstanbul
2. İzmir
3. Trabzon
4. Ankara
5. Eskişehir
6. Pülümür
7. Van
8. Tepeköy
9. Diyarbakır
10. Silifke

Beim Anhören der CD/Kassette auf die Betonung achten: Fragesätze enden mit steigendem Ton!

2. Welche Erwiderung passt?

1/5

1. Hoş geldiniz.
   a ■ İyiyim.
   b ■ Hoş bulduk.
2. Hangi bölgeye gidiyorsunuz?
   a ■ Antalya'ya.
   b ■ Antalya.
3. Nereye gidiyorsunuz?
   a ■ Tuvalete.
   b ■ Merhaba.
4. Nasılsınız?
   a ■ Hayır.
   b ■ Efendim?

Doppelte Konsonanten werden etwas länger gesprochen: z.B. *ff* in *affedersiniz.*

3. Ergänzen Sie mal links, mal rechts

1. Affedersiniz, ____ bölgeye gidiyorsunuz? – Sahara'ya.
2. Nereye gidiyorsunuz? – İzmir' _.
3. Nasılsınız? – _____.
4. İyiyim. Ya siz? – ___ __ iyiyim.

Ordnen Sie mal. Ein Blick auf die Satzzeichen und Sie haben zumindest schon das Satzende.

4. Die richtige Reihenfolge

1. misiniz? – bey – Peter – affedersiniz,
2. bölgeye – gidiyorsunuz? – hangi
3. hangi – gidiyorsunuz? – affedersiniz, – tuvalete
4. iyiyim. – siz? – de – ya – ben

Deutschlands direkte Nachbarn – außer 2. Kleine Hilfe: 4. und 7. in den Alpen. Aussprache: *ç* = tsch

5. Ihr fahrt nach ...

***Polonya'ya** gidiyorsunuz*

1. Polonya
2. İngiltere
3. Danimarka
4. Avusturya
5. Hollanda
6. Fransa
7. İsviçre
8. Belçika

Kennen Sie Dschenghis Chan, Etzel alias Attila (aus dem Nibelungenlied) oder, wenn Sie's noch älter wollen, Gog und Magog aus dem Alten Testament? Hängen allesamt in der Ahnengalerie türkischer Nationalisten, auch wenn oder gerade weil sich damit fast sämtliche Reitervölker Asiens verbinden. Tatsache ist: In dem riesigen Gebiet vom Nordosten Sibiriens bis zum Balkan existieren einander verwandte Sprachen, die sich in ihrer Struktur deutlich von den indogermanischen unserer eigenen Sprachwelt unterscheiden. Eine Zeitlang hat man jene Sprachfamilie als ural-altaisch bezeichnet; damit sind neben vielen Türksprachen immerhin auch das Finnische, Ungarische, Mongolische oder Japanische gemeint. Zwar taugt dieses Lehrbuch dennoch nicht für einen Einkaufsbummel in Tokio, aber sie könnten damit Erdöl in Baku erstehen oder auch – wiewohl mit den Schwierigkeiten eines Friesen im tiefsten Bayern – Kasachinnen, Tatarinnen oder Uigurinnen Heiratsanträge machen.

150 Millionen Türksprachige soll es zwischen Europa und China geben, 65 Millionen allein in *Anadolu* (Anatolien), dem Gebiet der modernen Türkei. Türkei-Türkisch, hochsprachlich an Istanbul ausgerichtet, ist entsprechend nahöstlich-europäisch gefärbt. Von den dreißig, vierzig fremden Sprachen, die ihre Spuren in der heutigen *dil* (Sprache, Zunge) hinterlassen haben, sind Persisch und Arabisch (20 –30% des Elementarwortschatzes), Griechisch und Italienisch (Küsten, Seefahrt) oder Französisch (Technik) die wichtigsten. Neue Lehnwörter à la *müzikhol* stammen fast ausschließlich aus ... Raten Sie mal?

Wenn Sie jetzt schon stöhnen „Das lern ich nie!“, hier einige gute Nachrichten. Im Türkischen gibt es das alles nicht: grammatikalisches Geschlecht, bestimmten Artikel, unregelmäßige Mehrzahlformen, unregelmäßige Deklination, unregelmäßige Formen der Tätigkeitswörter. Na, machen Sie jetzt weiter?

2 Wie heißen Sie?

Fittiche

Türken sind im Grunde wie eine einzige große Familie, im Guten wie im Schlechten. Wunderbar: der schnelle Draht, den man dadurch zueinander hat. Selbst der verhuschteste Mitteleuropäer findet mühelos Kontakt und wird wie selbstverständlich in das Leben der anderen mit einbezogen. Schlichtere türkische Gemüter leiten daraus freilich das Recht ab, hemmungslos neugierig sein zu dürfen. Ganz arglos übrigens: *meraklı* (neugierig) bedeutet nicht zufällig auch: besorgt. Wappnen Sie sich gegen Fragen der indiskreten Art.

Peter Hassan leidet. Schuld hat die türkische Gastfreundschaft *(misafirperverlik)*. Bis Mitternacht musste er bei Ali Akkayas Familie tafeln. Ali bestand darauf und wollte den Gast aus Deutschland dazu noch bei sich unterbringen. *Kesinlikle olmaz!* (Auf keinen Fall!), wehrte Peter Hassan ab, trotz der bekümmerten Gesichter. Er weiß, die Akkayas hätten ihm ihr bestes Zimmer geräumt. Jetzt am nächsten Morgen aber hat er Magendrücken. Sein schlechtes Gewissen? Das viele Essen?
Dennoch hat Ali etwas gedeichselt: Gästehaus des Deutschen Archäologischen Instituts. Besser hätte es Peter Hassan nicht treffen können. Untergebracht in einem Seitenflügel der alten wilhelminischen Botschaft, sitzt er direkt an der Quelle. Hier hat er Bibliotheken, Kontakte und nicht zuletzt das richtige Viertel: den Stadtteil Beyoğlu, in dem sich das kulturelle Leben des modernen Istanbul konzentriert.
In dem weitläufigen Gebäude, seit der Verlegung der Hauptstadt nach Ankara nur noch Generalkonsulat, muss er sich erst einmal orientieren. Wo zum Teufel liegt Ali Akkayas Büro? Peter Hassan fragt sich durch. Alle sind auskunftswillig, grüßen freundlich: *Günaydın!* (Guten Morgen!) Nach fünfzehn Minuten hat er bereits zehn Bekanntschaften geschlossen. Vor allem die türkischen Mitarbeiter erkundigen sich ungezwungen nach seiner Herkunft: *Nereden geliyorsunuz?* (Woher kommen Sie?), und seinem Namen: *Adınız ne?* (Wie ist Ihr Name?) Genau diesen direkten, unkomplizierten Ton hat er sich in der Türkei erwartet. Wenn er sich jetzt nur noch besser fühlte. Ali sieht es ihm natürlich gleich an: *Neyiniz var?* (Was haben Sie denn?), fragt er besorgt.

A Benım adım Peter 2

adınız	Ihr/euer Vorname
ne?	was?, wie?
benim adım	mein Name
memnun oldum	sehr erfreut
... hanım	Frau ...
nereden?	woher?
geliyorsunuz	Sie kommen/ihr kommt
-den, -dan	von, aus (angehängt)
şey	Sache; hm, äh
güzel	schön, prima

Merhaba! Adınız ne?	Hallo! Wie ist Ihr Name?
Merhaba! Benim adım Nilgün.	Hallo! Mein Name ist Nilgün.
Ne güzel. Benim adım Peter.	Wie schön. Mein Name ist Peter.
Memnun oldum, Peter bey.	Sehr erfreut, Herr Peter.
Ben de memnun oldum, Nilgün hanım.	Auch ich bin sehr erfreut, Frau Nilgün.
Nasılsınız Peter bey?	Wie geht es Ihnen, Herr Peter?
İyiyim, Nilgün hanım. Ya siz?	Gut, Frau Nilgün. Und Ihnen?
Ben de iyiyim. Nereden geliyorsunuz?	Mir auch. Woher kommen Sie?
Efendim? Affedersiniz, tuvaletten.	Wie bitte? Mit Verlaub, vom Klo.
Şey, hayır. Hangi bölgeden? Berlin'den misiniz?	Äh, nein. Aus welcher Gegend? Sind Sie aus Berlin?
Ha, evet. Kreuzberg'den.	Ach so, ja. Aus Kreuzberg.
Ne güzel.	Wie schön.

Das Wörtchen *ne*

Betonen Sie es immer, auch wenn es in anderen Fragewörter versteckt ist: *nereden* (= woher), *nereye* (= wohin).

Opernball

Vornehme Gesellschaft? Halten Sie es mit Graf Bobby. Zu den Herren: *bey-efendi* (= gnädiger Herr), zu den Damen: *hanımefendi* (= gnädige Frau). Aber bloß keine Handküsse!

-den-Anhängsel

Selbstlautgruppe I:
*Türki**ye** + -den* →
*Türki**ye**'den* – aus der Türkei

Selbstlautgruppe II:
*Fran**sa** + -den* →
*Fran**sa**'**da**n* – aus Frankreich

Harte Mitlaute

am Wortende wie *ç – f – h – k – p – s – ş – t* : *d* → *t* härten auch den mitlautenden Anlaut des Anhängsels:
ç – f – h – k – p – s – ş – t :
d → ***t*** / *c* → ***ç*** / *g* → ***k***
Selbstlautgruppe I:
tuvalet + -den → *tuvaletten*
– von der Toilette
Selbstlautgruppe II:
*Ira**k** + -**da**n* → *Ira**k**'**t**an*
– aus dem Irak

Ding, Dings, Dingsda

Stammeln nach Landessitte: *şey* – das Verlegenheitswort schlechthin. Die perfekte Tarnung für Anfänger.

Ordnen Sie so, dass sich ein sinnvoller Dialog ergibt. Folgen Sie wieder dem Schema des Dialogs 2A.

1. Die richtige Reihenfolge

___ Ne güzel. Benim adım Osman.
___ Benim adım Ayşe.
___ Adınız ne?
___ Ben de memnun oldum.
___ Memnun oldum.

Aussprache: *c* = dsch. *Cakarta* ist übrigens keine türkische Stadt.

2. Welche Erwiderung passt?

1. Nereden geliyorsunuz?	a ■ Cakarta'ya. b ■ Cakarta'dan.
2. Adınız ne?	a ■ Fulda. b ■ Hulda.
3. Benim adım Celal Pamuk.	a ■ Hoş bulduk. b ■ Memnun oldum.

Zur Auswahl stehen: *ne – nereden – hangi – nereye*

3. Finden Sie das passende Fragewort

1. _____ bölgeden geliyorsunuz?	– İzmir'den.
2. Adınız ___?	– Benim adım Fatma.
3. _______ geliyorsunuz?	– Affedersiniz, tuvaletten.
4. _______ gidiyorsunuz?	– Türkiye'ye.

Die Silbenbetonung ist im Türkischen weniger ausgeprägt als im Deutschen. Einfache Wörter ohne Anhängsel wie *hanım, güzel, hangi* werden leicht auf der letzten Silbe betont.

4. Was gehört zusammen?

1. welcher	a ■ hanım
2. schön	b ■ şey
3. was	c ■ güzel
4. Sache	d ■ nereden
5. Frau	e ■ hangi
6. woher	f ■ ne

Üben Sie das *-den*-Anhängsel, jetzt aber mit einigen Nachbarn der Türkei. Zweisilbige Ortsnamen auf der 1. Silbe betonen!
Und aufgepasst: *Irak, Kıbrıs* (= Zypern), *Girit* (= Kreta) enden auf harten Mitlauten. Was bedeutet das für die Anlaute des Anhängsels?

5. Sie kommen aus ...

1/7

*Irak'**tan geliyorsunuz***

1. Irak	5. Yunanistan
2. Suriye	6. Kıbrıs
3. İran	7. Bulgaristan
4. Rusya	8. Girit

1/8

kim?	wer?
o	er, sie, es/jene(-r), jenes
Neyiniz var?	Was haben Sie/habt ihr?
iyi	gut, in Ordnung
Bir şey yok.	Nichts.
nerede?	wo?
ev	Haus
-de, -da	in, bei (angehängt)
teşekkür ederim	danke
Bir şey değil.	Keine Ursache.

Kim o?	Wer ist da?
Ben Peter Hassan.	Ich bin Peter Hassan.
Merhaba. Nereden geliyorsunuz?	Hallo. Woher kommen Sie?
Mehmet'ten. Merhaba.	Von Mehmet. Hallo.
Neyiniz var? İyi misiniz?	Was haben Sie denn? Geht es Ihnen gut?
İyiyim. Bir şey yok. Ali bey nerede?	Mir geht es gut. Es ist nichts. Wo ist Herr Ali?
Ali bey? O kim?	Herr Ali? Wer ist das?
Ali Akkaya!	Ali Akkaya!
Ha, o Ali. O evde.	Ach so, der Ali. Er ist zu Hause.
Teşekkür ederim.	Danke schön.
Bir şey değil.	Keine Ursache.

_-de_ -Anhängsel

Gruppe I: *ev + -de* → *evde* – zu Hause

Gruppe II: *Irak + **-da*** → *Irak**ta*** (= im Irak).
Auch hier wieder: Nach hartem Endlaut ***k*** gilt für den weichen Auslaut ***d:*** *d* → *t.*

Zweimal *de*

-de, -da = in, bei
de, da = auch
Aufgepasst: „auch" unterliegt ebenfalls der Vokalharmonie:
Ali de = auch Ali
Fatima da = auch Fatima

Weiches *ğ (= yumuşak ğ)*
Bleibt selbst unausgesprochen, zieht aber den vorangehenden Selbstlaut ein wenig in die Länge: *değil* (= nicht) → *dee-il.* Das lange *e* und das *i* nur schwach verbinden.

Ben Peter Hassan

Wenn Sie jetzt stutzen: Gibt's denn kein Wort für „bin"? Gibt es sehr wohl. Nur beim Sichvorstellen immer ohne: Ich (bin) Peter Hassan.

Wieder und wieder: Vokalharmonie! Zur Abwechslung übersetzen Sie mal direkt aus dem Deutschen. Und Vorsicht: Nicht nur das Anhängsel anpassen, auch das Wörtchen „auch“!

1. Er ist auch zu Hause

Affedersiniz, Mehmet bey nerede? – ***Mehmet bey de evde.***

1. Auch Herr Mehmet ist zu Hause.
2. Auch Frau Nur ist in Deutschland.
3. Auch Herr Oğuz ist auf der Toilette.
4. Auch Peter ist in der Türkei.
5. Auch Fatma ist bei Ayşe
6. Auch Ali ist bei Peter.

Kim o? (Wer da?) Können Sie sagen: wenn es an der Tür klopft; wenn's im Dunkeln schaurig wispert; am Telefon. *Kim* ist hier etwas durch und durch Unbekanntes. Bei *O kim?* (= Wer (ist) der, die, das?) hat man schon eine erste Vorstellung.

2. Welche Erwiderung passt?

1/9

1. Teşekkür ederim.
   a ■ Bir şey yok.
   b ■ Bir şey değil.
2. Kim o?
   a ■ Ben de iyiyim.
   b ■ Ben Ali Akkaya.
3. O kim?
   a ■ Bir şey yok.
   b ■ O Peter Hassan.
4. Nereye gidiyorsunuz?
   a ■ Evde.
   b ■ Eve.

Finden Sie zu jeder Antwort die passende Frage. Haben Sie bemerkt, dass man auch Fragewörter mit Anhängseln versehen kann? ***Nasıls****ınız?* (= wörtl.: **Wie** sind Sie?) ***Ney****iniz var?* (= wörtl.: **Was** Ihre gibt es?)

3. Welche Frage passt?

1. Ben Kemal Kurt.
2. Lütfü bey evde.
3. Rusya'ya.
4. Benim adım Muhammet Ali.
5. İyiyim. Teşekkür ederim.
6. Evden.
7. Bir şey yok.

a ■ Nasılsınız?
b ■ Neyiniz var?
c ■ Kim o?
d ■ Lütfü bey nerede?
e ■ Nereden geliyorsunuz?
f ■ Nereye gidiyorsunuz?
g ■ Adınız ne?

Sie können auch die rechte Spalte erst mal zuhalten und überprüfen, ob schon etwas hängen geblieben ist.

4. Wie übersetzt man das?

1. Aus welcher Gegend kommt ihr?
2. Wer ist das?
3. Mein Name ist ...
4. Im Haus (ist) nichts.
5. Was haben Sie denn, Frau ... ?

a ■ Benim adım ...
b ■ ... hanım, neyiniz var?
c ■ Hangi bölgeden geliyorsunuz?
d ■ O kim?
e ■ Evde bir şey yok.

hanım oder *bey*? Reicht die Intuition? Wenn nicht: 1, 4 und 5 sind Mädels.

5. Was fehlt?

1. Merhaba Leyla ____, nasılsınız?
2. Affedersiniz, Turgut ____ misiniz?
3. Erzurum'a hoş geldiniz, Osman ____.
4. İlknur ____ nerede?
5. Ya siz, Azize ____, nereye gidiyorsunuz?

Öz Türkçe (wörtlich: reines Türkisch) gibt es bis heute nicht, obwohl seit der Gründung der türkischen Republik (1923) daran gebastelt wird. Erklärtes Ziel war ein radikaler Schnitt, keine Reform. *Osmanlıca* (Osmanisch), die Gebildetensprache des untergegangenen Vielvölkerstaates, wurde für abgeschafft erklärt. Mit über Bord gingen gut 80% des damaligen Wortschatzes, die arabische Schrift und damit der Zugang zu den Quellen der islamischen Zivilisation. Genau Letzteres war aber die Absicht. Auf 600 Jährchen Ost folgte jetzt der Einfluss des Westens. Kleidung, Kalender, Zivilrecht, lateinische Schrift. Ein Kraftakt, der die Türkei für immer in der Moderne verankern sollte.
Bilanz? Zur arabischen Schrift will keiner mehr zurück. Zu stark ist inzwischen das türkisches Nationalgefühl. Andererseits: Urtürkisch, die Sprache nomadisierender Steppenbewohner, liefert nicht unbedingt den Wortschatz für eine Industriegesellschaft. Wortneuschöpfungen – ausgedacht von der 1932 gegründeten *Türk Dil Kurumu* (Türkische Sprachgesellschaft) – waren die Folge. Die oft künstlichen Begriffe wurden von der großenteils bäuerlichen Bevölkerung nie angenommen. Zu schaffen macht den Sprachneuerern auch die Religion. Wie das Arabische los werden, wenn darin doch der Koran überliefert ist? Einen Martin Luther gab es bisher noch nicht. Frühe Versuche, Muezzine auf Türkisch zum Gebet rufen zu lassen, scheiterten. Kein Zufall also, dass sich radikale Islamisten der Säkularisierung der Gesellschaft gerade auch sprachlich widersetzten. Verstärkter Gebrauch arabischer Wendungen selbst in der Alltagssprache dient der Abgrenzung vom weltlichen Staat. *Selamünaleyküm* (Friede sei mit Euch) ist dabei nachgerade zum Erkennungszeichen geraten.

Alttestamentarische Namen

Weit verbreitet, obwohl nicht türkischen Ursprungs:

Adem	Adam
Havva	Eva
İbrahim	Abraham
İsmail	Ismael
Yakup	Jakob
Yusuf	Josef
Musa	Moses
Süleyman	Salomon
Salih	Methusalem
Yahya	Johannes
Suzan	Susanne
İsrafil	Raffael
Yunus	Jonas
Eyüb	Hiob

3 Was arbeiten Sie?

Mischpoke

baba	Vater
anne	Mutter
oğul	Sohn
kız	Tochter
kardeş	Geschwister
abla	ältere Schwester
ağabey	älterer Bruder
çocuk	Kind
dede	Opa
nine	Oma
amca	Onkel (Vaterbruder)
dayı	Onkel (Mutterbruder)
hala	Tante (Vaterschwester)
teyze	Tante (Mutterschwester)

In der Bibliothek lernt Peter Hassan einige *öğrenci* (Studenten) kennen. Archäologie ist ziemlich beliebt. Erstens studieren die meisten ohnehin nur, um nicht untätig zu sein – Jobs sind generell Mangelware; zweitens sind wenigstens die Studienbedingungen für Archäologen exzellent. Grund: Im ganzen Land buddeln Teams aus aller Welt.

Den Eindruck, dass Deutschland ein Jobwunderland ist, muss Peter Hassan jedoch korrigieren. Viele wursteln sich durch, bekennt er, auch ich selbst. Auf die Frage: *İşiniz var mı?* (Haben Sie Arbeit?) antwortet er: *Şimdilik gazeteci olarak çalışıyorum.* (Gerade arbeite ich als Journalist.) Dann erzählt er, wie er zu seinem türkischen Nachnamen kam. Sibel Hopalı, frischgebackene Absolventin der *İstanbul Üniversitesi*, will prompt wissen, woher seine Vorfahren stammen. Seine Antwort: *Galiba Karadeniz'den* (vermutlich vom Schwarzen Meer) löst große Heiterkeit aus. Ein Lase, Sibel, lachen die anderen, ein Landsmann von dir. Die Lasen von der östlichen Schwarzmeerküste gelten als Ostfriesen der Türkei. Während sich auch Peter Hassan ein Grinsen nicht verkneifen kann, fängt er zugleich einen warmen Blick von Sibel Hopalı auf. Von jetzt an hat er bei ihr einen Stein im Brett. In der Türkei geht Regional- noch über Nationalgefühl.

Schließlich brechen die jüngeren Studenten auf. *Haydi hanımlar, beyler* (auf geht's, Leute), *gidelim* (lasst uns gehen)! Mit Ali sind sie per Du, verleihen aber dem Altersunterschied Ausdruck, indem sie an seinen Vornamen ein *ağabey* (älterer Bruder) anhängen: *Allahısmarladık, Ali ağabey.* (Auf Wiedersehen, Bruder Ali.)

mesleğiniz	Ihr, euer Beruf
var	es gibt, vorhanden sein
meslek	Beruf
öğretmen	Lehrer
çok	sehr/viel,-e
iş	Arbeit
yok	es gibt nicht
yapıyorsunuz	Sie machen/ihr macht
gazeteci	Journalist
olarak çalışıyorum	ich arbeite als
değil	nicht/kein

Mesleğiniz var mı?	Haben Sie einen Beruf?
Var.	Es gibt einen.
Meslek ne?	Was ist der Beruf?
Öğretmen.	Lehrer.
Güzel mi?	(Ist der Beruf) schön?
Çok güzel.	Sehr schön.
İş de var mı?	Gibt es auch Arbeit?
Yok.	Gibt es nicht.
Ne yapıyorsunuz?	Was machen Sie?
Gazeteci olarak çalışıyorum.	Ich arbeite als Journalist.
Güzel mi?	(Ist das) schön?
Hayır, çok güzel değil.	Nein, ist nicht sehr schön.

var– yok

Damit bildet man „haben"/„nicht haben":
iş + -iniz + var = Sie haben Arbeit.
iş + -iniz + yok = Sie haben keine Arbeit.

mi, mü, mı, mu

werden nachgestellt und machen den Satz zur Frage. Die Endung ***(-i, -ü, -ı, -u)*** hängt wieder vom unmittelbar vorausgehenden Selbstlaut ab: Vokalharmonie! Nach der vorher kleinen, jetzt aber die große Vokalharmonie. Will heißen:
auf ***e, i, ö, ü*** folgen ***i, ü***
auf ***a, ı, o, u*** folgen ***ı, u***

Beispiele Gruppe I → *i, ü*
güzel → *mi?*
iş → *mi?*
Köln → *mü?*
teşekkür → *mü?*

Beispiele Gruppe II → *ı, u*
Max → *mı?*
hayır → *mı?*
çok → *mu?*
İstanbul → *mu?*

değil

[gesprochen: dee-il] verneint das Hilfsverb „sein", dem Sie bisher immer nur in den deutschen Übersetzungen der Sätze begegnet sind. Grund? Schauen Sie nach auf Seite 27.

Von wegen *öz Türkçe*. Diese Berufe können Sie mit Sicherheit alleine übersetzen. Wiederholen Sie auch jedes Mal die Frage.

1. Was machen Sie beruflich?

1/11

Mesleğiniz ne? – ***Gazeteci*** *olarak çalışıyorum.*

1. gazeteci
2. öğretmen
3. kuaför
4. doktor
5. şoför
6. psikolog

Große Vokalharmonie:
Gruppe I *(e – i – ö – ü)* klingt hell
Gruppe II *(a – ı – o – u)* klingt dunkel

2. Die richtige Endung

1. Mesleğiniz var m_?
2. Ayşe hanım güzel m_?
3. İşiniz yok m_?
4. Ali Akkaya evde m_?
5. İşiniz iyi m_?
6. O kim? Lütfü m_?

Bei Frage 3 hätten Sie *mi* vielleicht ganz hinten erwartet? Kommt immer darauf an, wonach eigentlich gefragt wird. Hier Betonung auf *Timur bey:* Was? **Herrn Timur** geht es gut?

3. Welche Erwiderung passt?

1. Meslek var mı?
   - a ■ Hayır, var.
   - b ■ Evet, var.
2. Neyiniz var?
   - a ■ İş çok.
   - b ■ Bir şey yok.
3. Timur bey mi iyi?
   - a ■ Yok.
   - b ■ Değil.
4. Öğretmen misiniz?
   - a ■ Evet. Üniversitede çalışıyorum.
   - b ■ Evet. Şoför olarak çalışıyorum.

değil mi? heißt so viel wie „nicht wahr?"

4. Ergänzen Sie

1. Nurhan hanım ____, değil mi? – Evet, çok iyi.
2. Ben gazeteci ______ çalısıyorum. Ya siz? – ___ de.
3. Mesleğiniz var __? – Hayır, ___.
4. Benim adım çok güzel, ____ mi? – Hayır, güzel ___.
5. __ yapıyorsunuz? – Üniversitede öğretmen _____ çalışıyorum.

Kramen Sie doch noch mal die biblischen Namen von Seite 19 hervor. Und fragen Sie.
Aussprache: Ein *h* in der Wortmitte *(Ya**h**ya)* oder am Wortende = schwaches „ch".

5. Heißen Sie etwa ...?

Adınız ne? ***Adem mi?***

1. Adem
2. Havva
3. Salih
4. Yakup
5. Suzan
6. Yahya
7. Süleyman
8. İbrahim

1/12

gidelim	lasst uns gehen!
arkadaş	Freund, Kollege
söyle	sag!
bilmiyorum	ich weiß nicht
söyleyin	sagt!, sagen Sie!
yapalım	lasst uns machen!
deli	verrückt, Verrückter
bir	ein, eins
Allaha ısmarladık	Auf Wiedersehen! (sagt der Gehende)
güle güle	Tschüs! (sagt der Bleibende)

Gidelim mi, arkadaşlar?	Wollen wir gehen, Freunde?
Nereye gidelim? Söyle.	Wohin sollen wir gehen? Sag!
Bilmiyorum. Siz söyleyin.	Weiß nicht. Sagt ihr es.
Sibel'lere.	Zu Sibels Familie.
Sibel'lerde ne yapalım?	Was sollen wir bei Sibels Familie tun?
Deli bir şey.	Was Verrücktes.
İyi, beyler. Allaha ısmarladık, hanımlar.	Gut, meine Herren. Auf Wiedersehen, die Damen!
Güle güle.	Tschüs!

Persönliche Fürworter

stecken im „sein"-Anhängsel oder den Formen der Tätigkeitswörter. Sie stehen nur, wenn die Person besonders betont wird:

ben	ich
sen	du
o	er, sie
biz	wir
siz	Sie, ihr
onlar	sie, es

Mehrzahl-Ahängsel
-ler, -lar

Kleine Vokalharmonie: an Personen:
Ali'ler = Ali und die Seinen, Familie Akkaya
an Fragewörtern:
neler = was alles?
kimler = wer alles?

Achtung, wenn Mengenbegriffe in der Mehrzahl, dann ohne Anhängsel: 2, 3, 4, *çok arkadaş* = 2, 3, 4, viele Freunde

bir

steht, um eine Einzahl deutlich zu machen:
Kitap var. = Es sind Bücher vorhanden.
***Bir** kitap var.* = Es ist **ein** Buch vorhanden.

bir şey

wörtl: eine Sache = etwas

1. Wohin wollen wir gehen?

1/13

Setzen Sie immer die Mehrzahl. Achten Sie auf den Apostroph bei Eigennamen!

*Teyze**lere** gidelim.*

1. teyze
2. Mustafa
3. ev
4. arkadaş
5. deli
6. psikolog
7. Yakup
8. gazeteci

2. Welche Erwiderung passt?

Bei Frage 3 stutzen Sie vielleicht: *kime?* Kommen Sie selber darauf? *kim* (= wer) + *-e* (= Richtungsanhängsel) ergibt *kime?* (= zu wem?)

1. Allaha ısmarladık.
   - a ■ Bilmiyorum.
   - b ■ Güle güle.
2. Ne yapalım?
   - a ■ Gidelim.
   - b ■ Garson olarak çalışıyorum.
3. Kime gidelim?
   - a ■ İstanbul'a.
   - b ■ Mustafa'ya.
4. Neler yapalım?
   - a ■ Çok.
   - b ■ Yok.

3. Wie heißt die passende Frage?

Natürlich wären hier endlos viele Fragen möglich. Sie sollen aber die aus den Dialogen 3 B finden. Also: CD/Kassette noch mal anhören oder einfach eine Seite zurückblättern.

1. Ne ______________ ? – Güzel bir şey.
2. Ne ______________ ? – Şoför olarak çalışıyorum.
3. Kim ______________ ? – Ben Musa Turan.
4. Kime ______________ ? – Arkadaşlara.
5. ______________ var mı? – Hayır, benim adım yok.
6. ______________ var mı? – Evet, berber olarak çalışıyorum.

4. Was passt zusammen?

Suchen Sie das gebeugte Tätigkeitswort in beiden Sprachen. Ein typischer Unterschied: Im Deutschen steht es an 2. Stelle gleich hinter dem Satzgegenstand, im Türkischen am Schluss.

1. Was wollen wir bei Hassans machen?
2. Wir wollen etwas Verrücktes machen.
3. Ich arbeite als Journalist.
4. Sag etwas!

- a ■ Gazeteci olarak çalışıyorum.
- b ■ Bir şey söyle.
- c ■ Hassan'larda ne yapalım?
- d ■ Deli bir şey yapalım.

5. Und wie steht es mit ...?

Ya ... zum Nachfragen kennen Sie schon. Kombinieren Sie es mit sämtlichen persönlichen Fürwörtern.

*Ya **ben**?*

1. mir
2. euch
3. ihnen
4. Ihnen
5. dir
6. uns

Glücklich, wer ein Türke ist 3

Türke? Was macht einen dazu? Der Krummsäbel? Das Chromosom? Die Religion? Bis ins 19. Jahrhundert stand Türke für den Bewohner des Osmanischen Reiches, ganz egal, ob in den Schlachtreihen des Sultans nun sunnitische Araber, christliche Kaukasier, schiitische Turkmenen oder die Völker des Balkans standen. Ein Treppenwitz! Der Herrscher aller Gläubigen, der Kalif von Konstantinopel, hätte es sich nämlich verbeten, als Türke bezeichnet zu werden. „Türke" war ein Schimpfwort; gleichbedeutend mit primitiv und ungehobelt. Es stand für die Lebensweise derer, die noch immer lieber in Zelten hausten, als sich der Sesshaftigkeit der eroberten Städte anzupassen. Ein Muslim bin ich, kein Türke, hätte ein anatolischer Bauer noch am Ende des Ersten Weltkriegs von sich behauptet. Kein Wunder, dass die Geburtswehen der modernen Türkei als Nationalstaat andauern.

Ne mutlu Türküm diyene (Glücklich, wer ein Türke ist) – mit riesigen steinernen Lettern vielerorts an die Berghänge geschrieben – klingt so auch eher nach einem Appell als nach einer Feststellung. Der aufgewertete Begriff *Türk* (Türke) sollte in der *cumhuriyet* (Republik) jetzt immerhin rund 40 Ethnien zusammenschmieden. Für Atatürk, den Staatsgründer, definierte sich *Türk* über Sprache, Territorium und Verfassung, für Intellektuelle wie Sabahattin Eyuboğlu über das gemeinsame kulturelle Erbe aller Anatolier. Extreme Nationalisten wiederum sehen die Lösung in hemmungsloser Geschichtsklitterung. Sumerer, Hethiter, Armenier, Kurden etc. – allesamt in den Wirren der Geschichte verloren gegangene Türken – hätten demnach im gemeinsamen Staat endlich heimgefunden.

Volksgruppen der Türkei

Türk	Türke
Kürt	Kurde
Ermeni	Armenier
Arap	Araber
Rum	Grieche
Arnavut	Albaner
Gürcü	Georgier
Musevi	Jude
Laz	Lase
Rom	Roma
Çerkez	Tscherkesse

4 Wollen wir uns treffen?

yabancı

„Ausland" gibt's eigentlich nicht; Denken in nationalen Kategorien ist neu, und *yabancı* (Fremder, Ausländer) bezeichnet jeden außerhalb des Verwandten- und Freundeskreises.

Küssen

Zur Begrüßung, zum Abschied einmal auf die linke, einmal auf die rechte Wange. Frauen tun's unter sich, Männer tun's, und bei modernen Städtern busseln Frauen und Männer anstandslos auch miteinander. Der Mund ist tabu, auch bei Kindern! Eine Demutsgeste dagegen: die Hand des anderen küssen, dann sie zur Stirn führen. Macht nur, wer hierarchisch tiefer steht. Hat oft was von Buckeln, ist innerhalb von Familien aber eher liebevolle Respektsbezeugung.

Zum Mittagessen lädt Ali Akkaya Peter und Sibel zu sich nach Hause ein. Peter Hassan protestiert zuerst, Alis Frau sei darauf doch gar nicht eingestellt. Doch, winkt Ali lässig ab, eine türkische Familie, sagt er, sei immer darauf eingestellt.

Tatsächlich ist das ganze Essen über ein ständiges Kommen und Gehen. Peter Hassan, einziger Nichtraucher, steht als *yabancı* (Ausländer) im Mittelpunkt. Die Fragen, vorsichtig an der Oberfläche kratzend, vermeiden alles, was ihm unangenehm sein oder ihn in Verlegenheit bringen könnte. Vor allem *Sevinç abla,* eine ebenso füllige wie liebenswürdige Matrone aus der Nachbarwohnung, schmeichelt ihm, indem sie die Türkei im Vergleich mit Deutschland immer ein bisschen herabsetzt. Peter Hassan weiß aber, dass dies alles zum Ritual gehört. Ebenso höflich widerspricht er: *Estağfurullah* (Nicht doch, ich bitte Sie!) und hält mit den Vorzügen des Landes und seiner Menschen kräftig dagegen.

Mit Sibel Hopalı ist er schon eine Runde weiter. Ihre Frage *Kaç yaşındasınız?* (Wie alt sind Sie?) zeigt, dass ihr Altersunterschied gering ist. Rasch sind sie jetzt per Du, zumal Peter Hassan die herzlich-ironische Art liegt, in der auch Ali und Sibel miteinander umgehen. Am Ende der Mittagspause verabreden sie sich für den nächsten Tag. Sibel will ihm ein paar Antiquariate zeigen. *Ne zaman görüşelim?* (Wann wollen wir uns treffen?) fragt er. Sie antwortet mit einem sibyllinischen Lächeln. Zum Abschied küssen sie sich bereits wie unter Freunden die Wangen.

A Kaç yaşındasın? 4

1/14

kaç?	wie viel?
Kaç yaşında?	In welchem Alter?
-den, -dan	als (bei Vergleichen)
yaşlı	alt
Hiç göstermiyorsunuz.	Sieht man Ihnen gar nicht an.
otuz	30
o zaman	dann, in diesem Fall
büyük	groß
Öyle mi?	Wirklich? Tatsächlich?
Tahmin edin.	Raten Sie/ratet!
küçük	klein

Peter bey, kaç yaşındasınız?	Wie alt sind Sie, Herr Peter?
Ah Sibel, sizden çok yaşlıyım.	Ach Sibel, ich bin viel älter als Sie.
Hiç göstermiyorsunuz.	Sieht man Ihnen überhaupt nicht an.
Teşekkür ederim. Otuz yaşındayım.	Danke schön. Ich bin 30 Jahre alt.
Otuz mu? O zaman benden çok büyük değilsiniz.	30? Dann sind Sie nicht viel älter als ich.
Öyle mi? Kaç yaşındasınız?	Wirklich? Wie alt sind Sie?
Tahmin edin.	Raten Sie.
Benden çok küçüksünüz.	Sie sind viel jünger als ich.
Hayır.	Nein.

sein-Anhängsel

Passt an alle Wortarten; schwach betont; große Vokalharmonie; *-y-* zwischen Selbstaus- und -anlaut

Gruppe I

-(y)im, -(y)üm	ich bin
-sin, -sün	du bist
-dir, -dür	er, sie, es ist
-(y)iz, -(y)üz	wir sind
-siniz, -sünüz	Sie sind/ihr seid
-dirler, -dürler	sie sind

Gruppe II

-(y)ım, -(y)um	ich bin
-sın, -sun	du bist
-dır,-dur	er, sie, es ist
-(y)ız, -(y)uz	wir sind
-sınız, -sunuz	Sie sind/ihr seid
-dırlar, -durlar	sie sind

Verneinung: *değil* + sein-Anhängsel

Wie alt?

kaç yaşında- + sein-Anhängsel

Zahlen von 0 bis 30

sıfır	0
bir	1
iki	2
üç	3
dört	4
beş	5
altı	6
yedi	7
sekiz	8
dokuz	9
on	10
yirmi	20
otuz	30

So konstruieren Sie: Zahl (kombinieren Sie frei Zehner und Einer: 11 = *on bir* etc.) + *yaşında* + sein-Anhängsel. Die 3. Person *(dir/dirler)* können Sie weglassen.

1. Wie alt?

1/15

Ben ***yedi*** *yaşında**yım**.*

1. ben: 7
2. sen: 19
3. o: 36
4. biz: 21
5. siz: 14
6. onlar: 38

-den, -dan (= als) steht immer nach dem 2. zu vergleichenden Begriff: *Amerika Türkiye'den büyük.* = Amerika ist größer als die Türkei.

2. Welche Erwiderung passt?

1. Ben 33 yaşındayım. Sen benden yaşlı mısın?
   - a ■ Evet. Ben 29 yaşındayım.
   - b ■ Hayır. Ben 31 yaşındayım.
2. Merhaba, Ali. Nasılsın?
   - a ■ İyi değilim.
   - b ■ Almanım.
3. Amerika Türkiye'den büyük mü?
   - a ■ Amerika Türkiye'den çok küçük.
   - b ■ Amerika Türkiye'den çok büyük.
4. Kaç yaşındayım? Tahmin edin.
   - a ■ Hiç göstermiyorsunuz.
   - b ■ Bizden yaşlısınız.

mi, mü, mı, mu + „sein" bleiben immer losgelöst von dem davor stehenden Wort.

3. Wandeln Sie in Fragen um

Siz beş arkadaş ***mısınız****?*

1. Siz beş arkadaşsınız. ?
2. İstanbul Ankara'dan güzel. ?
3. Ben çok yaşlıyım. ?
4. Biz evde değiliz. ?
5. Siz onlardan küçüksünüz. ?
6. Sen Almanya'dasın. ?

İmdat (= Hilfe!) Hier ist alles ein bisschen durcheinander geraten.

4. Die richtige Reihenfolge

1. yaşında? – Mehmet – kaç – amca
2. Rübezahl – 'den – büyük. – Rumpelstilzchen
3. Almanya – biz – değiliz. – 'da
4. çok – misiniz? – siz – değil – yaşlı
5. miyim? – güzel – 'den – ben – Ayşe
6. edin. – o – tahmin – zaman

B Ne zaman görüşelim? 4

ne zaman?	wann?
yarın	morgen
gezmek	spazierengehen, besichtigen
istiyorum	ich möchte
gitmek	gehen
istiyorsun	du möchtest
kitap	Buch
bakmak	schauen
bakalım	lasst uns sehen
başka	andere, -r, -s
görüşmek	sich wiedersehen, treffen

Ne yapalım?	Was wollen wir machen?
Ne zaman?	Wann?
Yarın.	Morgen.
Gezelim mi?	Wollen wir spazieren gehen?
İyi. Ben de gezmek istiyorum.	Gut. Ich möchte auch spazieren gehen.
Nereye gitmek istiyorsun?	Wohin willst du gehen?
Kitaplara bakmak istiyorum.	Ich möchte nach Büchern schauen.
Başka?	Was noch?
Bakalım.	Mal sehen.
Güzel. Ne zaman görüşelim?	Prima. Wann wollen wir uns treffen?
Sen söyle.	Sag du es.
Bakalım.	Mal sehen.

Grundform

In dieser stehen die Tätigkeitswörter im Wörterbuch: Wortstamm + Anhängsel *-mek* (Selbstlautgruppe I) oder *-mak* (Gruppe II). Kleine Vokalharmonie!

Wunsch-Anhängsel

Gruppe I → Wortstamm + *-(y)elim*
gezelim = lasst uns spazieren (an Stammende Selbstlaut: *söyleyelim* = lasst es uns sagen)

Gruppe II → Wortstamm + *-(y)alım*
yapalım = lasst uns machen (Selbstauslaut: *okuyalım* = lasst uns lesen)

Harte Mitlaute

am Ende vieler (meist mehrsilbiger Wörter) werden weich, wenn Anhängsel mit Selbstlaut beginnt:
t → d
p → b
k → ğ
ç → c

git(-mek) + -elim → ***gid****elim*
= wir wollen gehen
kitap + -ım → kitabım
= mein Buch
küçük + -üm → küçüğüm
= ich bin klein
genç + -im → gencim
= ich bin jung

Erklären Sie Ihre feste Absicht mit Grundform + *istiyorum*. Die Wunschform dagegen kommt spontan und noch unentschlossen daher.

1. Ja, ich möchte

1/17

Evet, Ali'ye ***gitmek istiyorum****.*

1. Ali'ye gidelim mi?
2. Kitap okuyalım mı?
3. Bir şey söyleyelim mi?
4. Başka bir şey yapalım mı?
5. Park'ta gezelim mi?
6. Yarın görüşelim mi?

Lassen Sie sich bei Frage 2 nicht irritieren. Auch Grundformen lassen sich mit *den/dan* vergleichen! Die Antworten 3 a/b setzen das schon bekannte *çalışıyorum* in die Grundform.

2. Welche Erwiderung passt?

1. Ne zaman görüşelim?
   - a ■ Başka bir evde.
   - b ■ Yarın.
2. Gezmekten güzel bir şey var mı?
   - a ■ Evet. Okumak gezmekten güzel.
   - b ■ Hayır. Okumak gezmekten güzel.
3. Ne yapmak istiyorsun?
   - a ■ Gazeteci olarak çalışmak istiyorum.
   - b ■ Gazeteci olarak çalışmak istiyorsun.
4. Yaşlıyım.
   - a ■ Hiç göstermiyorsunuz.
   - b ■ Güle güle.

Hier dürfen Sie Ihre Wünsche äußern. Aber aufgepasst: Die Stämme von *affetmek, gitmek* kriegen weiche Mit-Auslaute!

3. Lasst uns ...

*Arkadaşları affed****elim****.*

1. affetmek: Arkadaşları _____ .
2. okumak: Çok kitap _____ !
3. bakmak: Başka bir eve _____ .
4. söylemek: Ne _______ ?
5. gitmek: Yarın nereye _____ ?

-mek oder *-mak?* Üben Sie noch mal den Gebrauch der Grundform im Vergleich.

4. Gibt's was Schöneres als ...?

*Gez****mekten*** *güzel bir şey var mı?*

1. gez-
2. görüş-
3. çalıs-
4. affet-
5. İyi bir şey yap-
6. Türkiye'ye git-

Eigenschaftswörter stehen wie im Deutschen vor dem Hauptwort. Von den Zahlwörtern rutscht lediglich *bir* zwischen Eigenschafts- und Hauptwort.

5. Drei schöne Damen

Üç *güzel hanım.*

1. Drei schöne Damen
2. Sieben alte Herren
3. Ein verrückter Freund
4. Acht kleine Häuser
5. Vier gute Berufe
6. Eine große Sache

Cem Özdemir, anatolischer Schwabe im Bundestag, liest am liebsten Hölderlin. Er sitze nicht zwischen den Stühlen, sondern auf beiden, behauptet er, was ihm regelmäßig Anfeindungen von „Völkischen" beider Lager einträgt. Zum Spagat zwischen den Kulturen gezwungen sind vor allem die Jüngeren, die zweite und dritte Generation. Die Alten hingegen sitzen irgendwo im Niemandsland. Der Türkei entfremdet, in Deutschland nie richtig angekommen, verfolgen sie mit Staunen, was ihre Enkel anders machen. Wichtigster Unterschied: Kaum einer denkt mehr an Rückkehr. Vorbei die Zeiten, als die Summe der Lohnüberweisungen in die Heimat die Höhe der gesamten türkischen Exporte erreichte. Immer mehr Geld bleibt jetzt in Deutschland. Schon erwirtschaften Türken 2% des deutschen Bruttoinlandproduktes. Schon gibt es gesamtdeutsche Identifikationskarrieren wie die des Reiseveranstalters Vural Öger, des smarten TV-Fahnders Erol Sander oder des Bochumer Professors für Biopsychologie Onur Güntürkün. Mit der türkischen EU-Anwärterschaft wird sich dieser Trend noch verstärken, wenn auch nicht unbedingt im Sinne deutscher Integrationsoptimisten. Exzellent organisiert, klüngelt man eher miteinander: Kicker im eigenen Club, Hiphop-Kids in der eigenen Disco. Doch trotz aller Abgrenzung – gerade die dritte Generation scheint die in der Presse bedienten Stereotypen leid. Aggressiv und selbstbewusst „rappt" sie sich nach dem Vorbild der Schwarzen Amerikas zur Wehr. Gegen deutsche Diskriminierung ebenso wie gegen betuliche Folkloreabende der Eltern.

„Jeden Morgen erwacht er in der Fremde,
Jede Nacht schläft er in der Heimat"

Bülent Ecevit (Dichter und Politiker), 70er Jahre

„Der einheimische hat fürn kümmel ja zwei reservate frei: entweder bist du'n lieb-alilein, 'n recht und billiger bimbo eben ... Dann gibt's noch'n zweites reservat, in dem der fremdländer den part des verwegenen desperados übernimmt ..."

Feridun Zaimoğlu, „Kanak Sprak. 24 Misstöne vom Rande der Gesellschaft." 90er Jahre

Test 1

Stöbern Sie noch einmal die begleitenden Texte durch. Wissen ist Macht. Das beste Türkisch nützt Ihnen nichts, wenn Sie dauernd in Fettnäpfchen treten.

1. Welche Antwort stimmt?

1. Nachnamen spielen in der türkischen Gesellschaft ...
   a ■ dieselbe Rolle wie in der deutschen,
   b ■ eine noch viel größere Rolle, da sie dort erfunden wurden,
   c ■ eine untergeordnete Rolle, da erst in den 20er Jahren eingeführt.
2. Mit *abla* bezeichnet man ...
   a ■ ein Brettspiel,
   b ■ eine ältere Schwester,
   c ■ den 1. Buchstaben des türkischen Alphabets.
3. Dem Türkischen verwandte Sprachen finden sich ...
   a ■ vor allem zwischen dem Roten Meer und dem Persischen Golf,
   b ■ im afrikanischen Äquatorialgürtel,
   c ■ in dem riesigen Gebiet vom Nordosten Sibiriens bis zum Balkan.
4. Vor der Einführung der lateinischen Buchstaben benutzten die Türken ...
   a ■ zentralasiatische Runen,
   b ■ die Keilschrift,
   c ■ die arabische Schrift.
5. Als die türkischen Ostfriesen gelten ...
   a ■ die Zeybek der Ägäis,
   b ■ die Laz der östlichen Schwarzmeerküste,
   c ■ die Arap von Antakya.
6. Wer Demut und Respekt zum Ausdruck bringen möchte, kann ...
   a ■ sich zu Boden werfen,
   b ■ einen Diener bzw. Knicks machen,
   c ■ dem andern die Hand küssen und diese dann zur Stirn führen.

Bisschen überlegen: Bei 2 Fragen gilt dieselbe Antwort.

2. Fragen und Antworten

1. Nasılsınız?
2. İstanbul'a hoş geldiniz.
3. Adınız ne?
4. Kim o?
5. Mesleğiniz ne?
6. Allaha ısmarladık.
7. Kaç yaşındasınız?
8. Kimsiniz?

a ■ Güle güle.
b ■ Doktor olarak çalışıyorum.
c ■ İyiyim.
d ■ Otuz beş yaşındayım.
e ■ Hoş bulduk.
f ■ Benim adım Peter Hassan.
g ■ Ben Peter Hassan.

3. Was fehlt?

1. Türkiye'__ gitmek istiyorum.
   a ■ de
   b ■ ye
   c ■ ya
2. Ben de memnun _____, Serpil hanım.
   a ■ değil
   b ■ olarak
   c ■ oldum
3. ___ yaşındasınız?
   a ■ kim
   b ■ hangi
   c ■ kaç
4. Affedersiniz, Fatoş ____?
   a ■ mısınız
   b ■ müsünüz
   c ■ musunuz
5. Deli ___ şey yapmak istiyorum.
   a ■ bir
   b ■ iki
   c ■ üç
6. Ne zaman görüş___?
   a ■ -alım
   b ■ -yalım
   c ■ -elim
7. ___ büyüğüz.
   a ■ ben
   b ■ siz
   c ■ biz

Vokalharmonien wohin man schaut. Jonglieren Sie die Selbstlaute so lange, bis Sie Ihnen nicht mehr durcheinandergeraten.

4. Wie sagt man auf Türkisch?

1. Verzeihung, sind Sie Frau Latife?
2. Guten Tag, wie geht es Ihnen?
3. Raten Sie mal!
4. Woher kommen Sie?
5. Wie ist Ihr Name?
6. Wie alt bist du?
7. Frau Ayşe ist größer als Herr Celal.
8. Vielen Dank.

Das Ausrufungszeichen bei Satz 3 können Sie sich in der türkischen Übersetzung sparen. Wird selbst in der Befehlsform nur selten verwendet.

5 Kann ich mit Sibel sprechen?

telefon

Bis Mitte der 80er Jahre war Telefonieren ein Abenteuer. Vielerorts stöpselten Postler die spärlichen Verbindungen zusammen. Heute kreisen die Satelliten auch über Allahs own country. Noch aus der abgelegensten Lehmhütte lässt es sich jetzt mit Mekka oder Rio telefonieren – sofern nicht, wie so häufig, der Strom ausfällt. Ohne Saft verstummt selbst das Festnetz der *Türk Telekom.*

telefon var mı?

Für die Telefonzellen brauchen sie eine *telefon kartı* (Telefonkarte), bei der Post oder am Zeitungsstand erhältlich. Falls keine zur Hand, finden sich in Kiosken, Kneipen oder beim Klomann *kontörlü telefon* (Telefon mit Zähler).

Peter Hassan ist vernarrt in Statistiken. Die Deutschen, weiß er, gehören zu den schlechtest gekleideten Völkern der Welt. Sibel als Türkin hingegen müsste – im Verein mit Russinnen und Venezolanerinnen – auf ihr Äußeres allergrößten Wert legen. Skeptisch schaut er an sich herab: Jeans und abgewetzte Lederjacke. Traurig, traurig! Fast kämen ihm die Tränen, doch fällt ihm gerade noch rechtzeitig ein, dass türkische Männer keine Heulsusen sind, unterboten nur noch von Spaniern, Indern und Chinesen.

Beinahe wäre der gemeinsame Einkaufsbummel nicht zustande gekommen. Am Abend hatte Sibel ihn angerufen. Sie gab ihm ihre Telefonnummer für den Fall, dass etwas dazwischen käme: *Yarın sabah telefon eder misin?* (Rufst du morgen früh an?) Am Apparat ist dann aber nur ihre Mutter. Auf die Frage: *Sibel'le görüşebilir miyim?* (Kann ich bitte mit Sibel sprechen?) antwortet sie zu seiner Enttäuschung: *Maalesef Sibel evde yok.* (Leider ist Sibel nicht zu Hause.) In vollendeter Höflichkeit kitzelt sie seinen Namen und den Zweck des Anrufs aus ihm heraus: *Bir notunuz var mı?* (Möchten Sie eine Nachricht hinterlassen?) Ganz klar, die alte Dame will wissen, wer sich da für ihre Tochter interessiert. Erst ganz zum Schluss verrät sie, dass Sibel auch ein *cep* (Handy) besitze. Hätte er sich ja denken können. Moderne *Türk* sind ganz verrückt nach diesen Dingern.

1/18

Alo!	Hallo!
Buyrun?	Bitte?
günaydın	guten Morgen
ile/-le, -la	mit
görüşebilir miyim	kann ich sprechen?
görüşüyorum	ich spreche, unterhalte mich
üzgün	traurig
bay	Herr
gelecek	er, sie, es wird kommen
cep telefonu	Handy, Taschentelefon
numarası	seine, ihre Nummer

Alo! Buyrun?	Hallo! Bitte?
Günaydın. Affedersiniz, Sibel'le görüşebilir miyim?	Guten Morgen. 'tschuldigung, kann ich mit Sibel sprechen?
Kiminle görüşüyorum?	Mit wem spreche ich?
Ben Peter Hassan.	Ich bin Peter Hassan.
Efendim?	Wie bitte?
Peter Hassan. Almanya'dan.	Peter Hassan. Aus Deutschland.
Çok üzgünüm Bay Hassan. Sibel evde yok.	Tut mir sehr Leid Herr Hassan. Sibel ist nicht zu Hause.
Yok mu? Ne zaman gelecek?	Nicht? Wann kommt sie?
Bilmiyorum.	Ich weiß es nicht.
Şey ... cep telefonu var mı?	Hm ... hat sie ein Handy?
Var. Numarası: sıfır-beş-üç-iki-beş-iki-yedi-dokuz-dört-sekiz.	Ja, hat sie. Die Nummer ist 0-5-3-2-5-2-7-9-4-8.
Çok teşekkür ederim.	Vielen Dank.
Bir şey değil.	Keine Ursache.

ile

stets nachgestellt. Als Anhängsel ohne *i:*

Gruppe I → *-(y)le:*
Sibel'le = mit Sibel (bei Selbstlaut am Wortende: *gazeteciyle* = mit dem Journalisten)

Gruppe II → *-(y)la:*
arkadaşla = mit dem Freund (*numarayla* = mit der Nummer)

bay – bayan

Bayan Hopalı, Sibels Mutter, hört: Ausländer! Da scheint ihr das nach europäischem Muster eingeführte *bay* + Nachnamen angemessen: *Bay Hassan.*

... evde var/yok

stehender Ausdruck: ... ist zu Hause/ist nicht zu Hause

Bitte!

buyrun	höfliche Aufforderung
lütfen	nachdrückliches Bitten oder Flehen

Weitere Zahlen: *kırk* (= 40), *elli* (= 50), *altmış* (= 60), *yetmiş* (= 70), *seksen* (= 80), *doksan* (= 90), *yüz* (= 100). Die Übersicht über alle Zahlen finden Sie übrigens in der Kurzgrammatik im Anhang.

1. Die nächste Zahl?

bir, ***iki***

1. 1 ______	4. 35 ______
2. 7 ______	5. 67 ______
3. 4 ______	6 82 ______

Stellen Sie sich vor, Sie telefonieren. Fragewort *kim* (= wer) + *ile* verschmelzen zu *kiminle* (= mit wem?)

2. Welche Erwiderung passt?

1/19

1. Alo! Kiminle görüşüyorum?
   - a ■ O Timur Lenk.
   - b ■ Ben Timur Lenk.
2. Sevinç ablayla görüşebilir miyim?
   - a ■ Üzgünüm, Sevinç abla evde var.
   - b ■ Üzgünüm, Sevinç abla evde yok.
3. Sevinç abla ne zaman gelecek?
   - a ■ Sevinç abla yarın gelecek.
   - b ■ Sevinç abla İstanbul'dan gelecek.

Hängen Sie *ile* an ohne *i*. Und noch mal die alte Leier:
a) Kleine Vokalharmonie
b) Apostroph nach Eigennamen
c) nach Vokalendung: *y*

3. Mit wem?

1. Kimin ___ görüşüyorum?
2. Attila bey __ görüşebilir miyim?
3. Sara ___ gezmek istiyorum.
4. Arkadaşlar ___ başka bir eve gidelim mi?
5. Ali amca ___ gelecek.
6. Erol ___ deli bir şey yapmak istiyorum.

Grundsituationen an der Tür, am Telefon.

4. Wie heißt das auf Türkisch?

1. Kann ich mit Süleyman sprechen?
2. Herr Hassan ist nicht zu Hause.
3. 'tschuldigung, ist Frau Çiğdem zu Hause?
4. Tut uns Leid, die Yusufs sind nicht zu Hause.
5. Hallo, mit wem spreche ich?

Lesen Sie alle Telefonnummern laut vor.

5. Seine Handy-Nummer ist ...

Cep numarası ***dokuz-üç-sıfır-iki-yedi-beş-bir-sekiz.***

1. 930 27518	4. 025 11937
2. 750 39152	5. 222 41640
3. 544 70346	6. 015 94502

B Bir notunuz var mı? 5

1/20

maalesef	leider
not/notunuz	Mitteilung/Ihre Mitteilung
bir daha	noch einmal
numaram	meine Nummer
dakika	Minute
geldi	er, sie, es ist gekommen
telefon kartı	Telefonkarte
bitmek üzere	gleich zu Ende gehen
telefon eder misin/iz	würdest du/würden Sie bitte anrufen
tabii	natürlich, klar!

Kiminle görüşüyorum? Sibel değil misiniz?	Mit wem spreche ich? Sind Sie nicht Sibel?
Hayır, değilim.	Nein, bin ich nicht.
Sibel yok mu?	Ist Sibel nicht da?
Maalesef yok. Bir notunuz var mı?	Leider nicht. Haben Sie etwas zu bestellen?
Var. Ben Peter Hassan.	Ja. Ich bin Peter Hassan.
Peter ne? Bir daha söyler misiniz?	Peter was? Würden Sie es bitte noch einmal sagen?
Peter Hassan. Numaram üç, üç, dört ...	Peter Hassan. Meine Nummer ist 334 ...
A, bir dakika Sibel geldi...	Ah, Moment! Sibel ist gekommen ...

Alo! Peter, sen misin?	Hallo! Peter, bist Du es?
Evet benim. Sibel, telefon kartı bitmek üzere. Telefon eder misin?	Ja, ich bin es. Sibel, meine Telefonkarte ist gleich alle. Rufst du bitte an?
Tabii. Neredesin?	Klar! Wo bist du?

Ich bin's

Das „sein"-Anhängsel hängt auch am persönlichen Fürwort:

benim	ich bin es
sensin	du bist es
odur	er, sie, es ist es
biziz	wir sind es
sizsiniz	Ihr seid es, Sie sind es
onlardır	sie sind es

Würden Sie bitte/gerne ...

1001 Arten, bitte zu sagen: die *r*-Form an den Verbstamm hängen!

Gruppe I → *-er (-ir, -ür)*
*gi**d -er misin**?*
Würdest du bitte gehen?
*göster **-ir misin**?*
Würdest du bitte zeigen?

Gruppe II → *-ar (-ır, -ur)*
*yap **-ar mısın**?*
Würdest du bitte machen?
*çalış **-ır mısın**?*
Würdest du bitte arbeiten?
Stamm endet mit Selbstlaut → *-r*
*söyle **-r misin**?*
Würdest du es bitte sagen?

Nummerieren Sie durch, damit drei sinnvolle Dialoge entstehen.

1. Die richtige Reihenfolge

1. _____Ben Yunus Satır.
   _____Merhaba. Mesut amcayla görüşebilir miyim?
   _____Alo! Buyrun?
   _____Kiminle görüşüyorum?
2. _____Benim adım İsrafil Kalalı.
   _____Bir daha söyler misiniz?
   _____Adınız ne?
3. _____Tabii. Neredesin?
   _____Evdeyim. Numaram 264 9824
   _____Telefon eder misin?

bir dakika wird manchmal wie *bir dakka* gesprochen. Bedeutet etwa: Einen Augenblick.

2. Welche Erwiderung passt?

1. Sen kimsin?	a ■	Sensin.
	b ■	Benim.
2. Telefon eder misiniz?	a ■	Bir dakika.
	b ■	Memnun oldum.
3. Leyla evde var mı?	a ■	Tabii değil.
	b ■	Maalesef yok.

Betonung liegt auf dem *r*-Anhängsel. Achtung bei 5.: Einige auf *-r* oder *-l* endende, im Stamm einsilbige Tätigkeitswörter wie *gelmek* nehmen *-ir, -ür, -ır, -ur* an.

3. Würden Sie bitte/gerne ...?

1/21

Leyla'la görüşmek ***ister misiniz****?*

1. Leyla'yla görüşmek istemek.
2. Evde çalışmak.
3. Ali'yle gezmek.
4. Arkadaşlara telefon etmek.
5. Bir dakika gelmek.
6. 1, 2, 3 söylemek.

In des Türkischen Kürze liegt des Ausdrucks Würze.

4. Was passt zusammen?

1. Natürlich.	a ■	Bir daha.
2. Noch mal.	b ■	Üzgünüm.
3. Ich bin es.	c ■	Maalesef.
4. Tut mir Leid.	d ■	Tabii.
5. Leider.	e ■	Benim.
6. Er ist gekommen.	f ■	Geldi.

Keine Panik bei *r*-Anhängselausnahmen. Wörterbücher geben die erforderliche *r*- Form nach einsilbigen Stämmen in Klammern an: *telefon etmek* ***(-er)***

5. Rufen Sie mich an?

Yarın *telefon eder misiniz? Numaram* ***altı dört dokuz sıfır iki beş****.*

1. morgen – 649 025
2. von zu Hause – 730 219
3. aus Ankara – 101 627
4. auch Sie – 336 917
5. in diesem Fall – 858 398
6. von der Arbeit – 382 510

Sultan Mehmet II. war entzückt. 20 km weit hörte man es krachen, als ihm der Deutschungar Urban 1453 seine Riesenkanone demonstrierte. Mit den Kugeln, eine jede 600 Kilogramm schwer, schossen die Türken die Mauern von Konstantinopel sturmreif; ein erfolgreicher erster deutscher Rüstungsauftrag, dem noch viele nachfolgen sollten.
Aber nicht alle *Alman* (Deutsche) kamen als *asker* (Militärs). Nazım Hikmet, der berühmteste türkische Dichter des 20. Jahrhunderts, war ein Urenkel des Brandenburgers Carl Detroit. Als Wahlosmane machte dieser Karriere im diplomatischen Dienst. Andere wiederum suchten bei den Türken Zuflucht vor einem Schreckensregime: Kolonisten aus Russland vor den Bolschewisten; Intellektuelle, viele jüdischen Glaubens, vor den Nazis. Für die junge türkische Republik waren die ausgebürgerten Experten ein Segen. Mehr als 800 deutschsprachige Emigranten – Wissenschaftler, Architekten und Stadtplaner, Musiker, Schauspieler und Regisseure – spielten in Atatürks Modernisierungsprojekt eine herausragende Rolle.
Die neueste Welle deutscher Einwanderer kommt wieder freiwillig. Die Leserinnen der Türkischen Allgemeinen, die Damen des Deutschen Kultur- und Wohltätigkeitsvereins „Die Brücke" sind Ehefrauen. 40.000 sind bereits im Zeichen des Schnauzbarts verheiratet. Unzählige mehr könnten es werden, sollen doch jährlich 4000 deutsche Mädels der Charmeoffensive türkischer Männer erliegen. Deutsche Schulen, Krankenhäuser, Buchläden – zumindest in Ankara und Istanbul – bieten ausgewanderten, heimwehleidigen deutschen Frauen Halt auch noch über Frauentreff und Krabbelgruppe hinaus.

Waren Sie schon mal in Kayseri? Wetten, dass? Gemeint ist nicht die Stadt in Zentralanatolien, sondern Kaiser's Supermarkt. Türken türkisieren leidenschaftlich gerne, immer schon. Aus griechisch *istin poli* (in der Stadt), sprich Konstantinopel, wurde İstanbul; das neueste Automodell wird im *şovrum* (Showroom) vorgeführt; bessere Damen spielen *briç* (Bridge); ihre Ehemänner trinken *kanyak* (wörtl.: entflamme das Blut; Cognac); und ein Guckfenster ist, via Frankreich, zum *vasistas* (wörtl: was ist das) mutiert.

6 Wie viel kostet das?

Feilschen

pazarlık etmek (feilschen), früher geradezu ein Synonym für *alışveriş* (Einkäufe), verschwindet nach und nach. Ein Muss ist es noch bei manchen *seyyar satıcı* (Straßenhändler), bei den nicht ausgezeichneten Waren eines *pazar* (Wochenmarkt) und vor allem im touristischen Bereich. Dagegen gelten in normalen Läden oder Kaufhäusern mit Angestellten fast immer nur Fixpreise. Während im Tourismus potentielle Kunden meist direkt angesprochen und zu einem unverbindlichen *çay* (Tee) im Laden aufgefordert werden, wirbt der gewöhnliche Handel mit endlosen *kampanya* (Aktionswochen). Die Schaufenster verheißen reißerisch *fırsat* (Gelegenheitsangebote), *indirim* (Preisnachlässe) oder, neuerdings besonders beliebt, *şok fiatlar* (Schock-Preise).

„Gott liebt den, der Handel treibt", liest Peter Hassan auf einem der Tore zu Istanbuls legendärem *Kapalıçarşı* (überdachter Markt). Doch hat er keine Lust, sich in das gewaltige Labyrinth hineinzubegeben. Zum Feilschen sei er denkbar ungeeignet, versichert er Sibel, außerdem kein Allerweltstouri. Letzteres klingt jedoch wenig überzeugend. In Wirklichkeit fürchtet er einfach, der Atmosphäre um die viereinhalbtausend Geschäfte nicht widerstehen zu können. Etwa eine halbe Million Dollar kostet ein *dükkan* (Laden) allein in den mittleren Lagen, was sich natürlich in den Preisen kräftig niederschlägt. Und überhaupt: Wer so viel ausgeben möchte wie in München oder Mailand, kann dies in den Metropolen der Türkei mühelos tun. Dagegen *ucuz* (preiswert): Dienstleistungen und *Türk malı* (türkische Waren) wie *giyim* (Kleidung) und *gıda* (Lebensmittel) – wenn auch abhängig von Stadtteil und Umgebung.

Nach einer anstrengenden Tour durch die wichtigsten Antiquariate bringt Sibel Peter Hassan nach *Beşiktaş*, in ein ganz gewöhnliches, studentisch angehauchtes Viertel am *Boğazici* (Bosporus). Im *çarşı* (Marktviertel) solcher Stadtteile kann selbst der paranoide Ausländer angstfrei einkaufen. Über den Tisch gezogen wird hier keiner, Handeln entfällt. Auf die Frage: *Bu ne kadar?* (Was kostet dies?) bekommt man fast überall Festpreise genannt. Beruhigend für Peter, der sich mit günstigen türkischen Jeans eindecken möchte. Ein wenig peinlich ist ihm nur die Frage gleich des ersten durchgestylten Verkäufers: *Kaç beden giyiyorsunuz?* (Welche Konfektionsgröße tragen Sie?) In den letzten Tagen hat er ziemlich zugenommen.

1/22

kot . . . . Jeans
Türk malı . . . . türkische Ware
bu/bunlar . . . . dieser, diese, dieses/diese
ne kadar . . . . wie viel?
milyon . . . . Million
pahalı . . . . teuer
daha . . . . mehr, noch
ucuz . . . . preiswert
o/onlar. . . . . jener, jene, jenes/jene
gerçekten . . . . wirklich, tatsächlich
almak . . . . kaufen, nehmen

Affedersiniz, kot var mı? . . . . Pardon, gibt's Jeans?
Evet, buyrun. . . . . Ja, bitte schön.
Türk malı mı? . . . . Türkische?
Türk malı da var. . . . . Es gibt auch türkische Ware.
Bu kot ne kadar? . . . . Was kosten diese Jeans?
Yirmi beş milyon. . . . . 25 Millionen.
Çok pahalı. Daha ucuz bir şey
yok mu? . . . . Sehr teuer. Führen Sie nichts Preiswerteres?
Var. Bunlar daha ucuz.
On beş milyon beş yüz bin. . . . . . . Doch. Diese da sind preiswerter. 15.500.000.
Ya onlar? Ne kadar? . . . . Und jene? Wie viel (kosten die)?
Onlar da pahalı değil.
On yedi milyon. . . . . Die sind auch nicht teuer. 17 Millionen.
Gerçekten çok pahalı değil.
Başka yok mu? . . . . Das ist wirklich nicht sehr teuer. Haben Sie noch 'was Anderes?
Maalesef. . . . . Leider nein.
Ne yapalım? İyi bir şey almak
istiyorum. Was sollen wir tun? Ich möchte etwas Gutes kaufen.

Hinweisendes Fürwort

Einzahl, Mehrzahl	
bu	diese/-r/-s
bunlar	diese
şu	diese/-r/-s da
şunlar	diese da
o	jene/-r/-s
onlar	jene

daha

damit können Sie steigern:
güzel (= schön)
daha güzel (= schöner)

Große Zahlen

bin - Tausend
milyon - Million
milyar - Milliarde

Einfach nach folgendem Muster kombinieren:
yedi yüz on beş milyon beş yüz yirmi üç bin dört yüz kırk altı = 715.523.446

1. Wie viel kostet das?

Spätestens beim Geldwechseln müssen Sie sich die aufgeblähten Inflationszahlen anhören. Also Ohren auf und durch.

*Bu, **on altı milyon yedi yüz iki bin dört yüz yirmi beş***

1. 16.702.425
2. 48.296.900
3. 10.245.089
4. 28.445.915
5. 247.528.875
6. 25.372.572.987

2. Welche Erwiderung passt?

1/23

Aufgepasst bei 4: Ausnahme bei *r*-Form. Eintrag im Wörterbuch: *almak (-ır)*

1. Bu kot ne kadar?
   - a ■ Bu kot çok pahalı.
   - b ■ Bu kot çok güzel.
2. Türk malı var mı?
   - a ■ Evet, bunlar Hong Kong'dan.
   - b ■ Evet, bunlar İstanbul'dan.
3. Daha ucuz bir şey yok mu?
   - a ■ Maalesef yok.
   - b ■ Bir şey değil.
4. Başka bir şey alır mısınız?
   - a ■ Evet, başka bir şey almak istiyorum.
   - b ■ Hayır, başka bir şey almak istiyorum.

3. In der Mehrzahl

Setzen Sie das hinweisende Fürwort in die Mehrzahl und steigern Sie das Eigenschaftswort.

***Bunlar daha** güzel.*

1. Bu kot çok güzel.
2. O bey çok üzgün.
3. Şu ev o evden pahalı.
4. Şu teyze çok yaşlı.
5. Bu arkadaş o arkadaştan deli.
6. O meslek şu meslekten iyi.

4. Was wollen Sie kaufen?

Kleine Übersetzungsübung zur Erfüllung langgehegter Wünsche. Wissen Sie noch, wo im Satz die Zahlen stehen?

Güzel bir ev almak istiyorum.

1. ein schönes Haus
2. ein teures Handy
3. etwas Anderes
4. türkische Ware
5. eine andere Telefonkarte
6. 2 billige Jeans

5. Made in …?

Raten Sie mal, welcher Herkunft die Produkte sind? Kinderleicht, oder?

1. Raki
2. Volkswagen
3. Renault
4. Johnny Walker
5. Cinzano

- a ■ İtalyan malı
- b ■ Türk malı
- c ■ İngiliz malı
- d ■ Alman malı
- e ■ Fransız malı

1/24

bakabilir miyim .... Kann ich mich umschauen?
mavi .... blau
gömlek .... Hemd
kalmadı .... ist alle, ist nicht geblieben
renk .... Farbe
yeşil .... grün
beğenmiyorum .... mag ich nicht
deniyebilir miyim .... Kann ich versuchen/anprobieren?
Kaç beden giyiyorsunuz? .... Welche Größe tragen Sie?
fark etmez .... machts nichts, kein Problem

Hoş geldiniz. Buyrun? .... Willkommen. Bitte sehr?
Merhaba. Bakabilir miyim? ...... Tag. Darf ich mich umschauen?
Tabii. Buyrun. .... Natürlich. Bitte.
Mavi gömlekleri gösterir misiniz? . Würden Sie mir bitte die blauen Hemden zeigen?
Mavi mi? Maalesef kalmadı. ..... Blau? Sind leider alle.
Öyle mi? Başka hangi renk var? ... Ach ja? Welche andern Farben gibt es noch?
Yeşil var. .... Grün gibt's.
Yeşil mi? Yeşil beğenmiyorum. ... Grün? Grün mag ich nicht.
O zaman şunu alalım! .... Dann lassen Sie uns dies da nehmen.
Ah, güzel değil. Hah, bu iyi.
Bunu deniyebilir miyim? .... Hmm, nicht so schön. Ah, dies hier ist gut. Kann ich es anprobieren?
Tabii. Kaç beden giyiyorsunuz? ... Sicher. Welche Größe tragen Sie?
Bilmiyorum. .... Weiß ich nicht.
Fark etmez. Gelir misiniz! .... Macht nichts. Würden Sie bitte mitkommen!

Wen-Fall-Anhängsel

Auf die Fragen *kimi?* - wen? oder *neyi?* - was?)

Gruppe I → *-(y)**i**, -(y)**ü**:*
Ayşe'yi affedelim. Lasst uns Ayşe verzeihen.
Küçüğü beğenmiyorum. Den Kleinen mag ich nicht.

Gruppe II → *-(y)**ı**, -(y)**u**:*
*Mustafa'**yı** beğenmiyorum.* Mustafa mag ich nicht.
*İstanbul'**u** gezelim mi?* Wollen wir Istanbul besichtigen?

Mit Wen-Fall-Anhängsel, wenn Gegenstand bestimmt:
Şu kotları beğenmiyorum. Diese Jeans da mag ich nicht.

Ohne, wenn Gegenstand unbestimmt:
Kotlar beğenmiyorum. Jeans mag ich nicht.

Persönliche Fürwörter im Wen-Fall

beni	mich
bizi	uns
seni	dich
sizi	euch, Sie
onu	ihn, sie
onları	sie

Hinweisende Fürwörter im Wen-Fall

bunu	diesen
şunu	diesen da
onu	jenen

Farben

kırmızı	rot
sarı	gelb
siyah	schwarz
beyaz	weiß
mor	lila
kahverengi	braun

Probieren Sie aus oder an. Bei *gömlek, renk* treffen harte Schlussmitlaute auf Selbstlaute. Also? Sonst spicken auf S. 29.

1. Kann ich mal probieren?

1/25

*Şu gömle**ği** deniyebilir miyim?*

1. şu gömlek
2. şu renk
3. şu beden
4. şu iş
5. şu telefon
6. şu şey

Zur Frage nach der Konfektionsgröße: Es gelten nicht die angelsächsischen Maße, sondern die auch in Deutschland gültigen des Kontinents, wie es so schön heißt.

2. Welche Erwiderung passt?

1. Yeşil gömlek var mı?
   a ■ Fark etmez.
   b ■ Kalmadı.
2. Başka hangi renk var?
   a ■ Mavi.
   b ■ Dakika.
3. Mustafa'yı beğenmiyorum.
   a ■ Ben de seni beğenmiyorum.
   b ■ Ben de onu beğenmiyorum.
4. Kaç beden giyiyorsunuz?
   a ■ 24 yaşında.
   b ■ XL.

Ordnen Sie den passenden Buchstaben zu. Nummer 6 kennen Sie von S. 19.

3. Wie heißt das Gegenteil?

1. evet	a ■ pahalı
2. hanım	b ■ küçük
3. var	c ■ hayır
4. büyük	d ■ Adem
5. ucuz	e ■ yok
6. Havva	f ■ bey

Eine Übung zum Wen-Fall. Hier geht es nur um persönliche und hinweisende Fürwörter.

4. Was fehlt?

***Bunu** almak istiyorum.*

1. Bu gömlek çok ucuz. ____ almak istiyorum.
2. Sen iyi değilsin. ____ beğenmiyorum.
3. Şu kot çok güzel. ____ deniyebilir miyim?
4. Ali çok iyi bir arkadaş. ____affedelim mi?.
5. Siz iyi değilsiniz. ____ beğenmiyorum.

Mayadrom ist anders: Edel, exklusiv, teuer; *butik* (Boutiquen) statt Läden, Designermarken, gedämpfte Stimmen. Ermattet von der Entscheidung zwischen französischem Charme und italienischem Chic, anschließend noch auf ein Gläschen Champagner ins *Cinemaya*, Istanbuls erstes Kino mit Liegesitzen.

Auch *Mahmut Paşa* ist anders: Geschrei, Gezerre. *Müşteri* (Kunden), vollbepackte *hamal* (Lastträger) und Straßenverkäufer, eingekeilt zwischen Garküchen, schlauchartigen Läden, Zulieferern und hupenden Kleinlastern, die sich im Schneckentempo durch die Menge schieben. *Mahmut Paşa* und vergleichbare Einkaufsstraßen sind nichts für Flaneure. Stressfaktor 1000. Indes: Allerlei Handwerk mit einem Angebot an unterschiedlichsten Produkten hat sich hier – als Spiegelbild der alten Zünfte – konzentriert. Endlose Preisvergleiche, Hetze von Stadtviertel zu Stadtviertel entfallen. Das gesamte Angebot auf einem Fleck, sogar im modernen *sanay bölgesi* (Gewerbegebiet) am Stadtrand. Im *mahalle* sind (Wohnviertel) allenfalls Läden für den täglichen Bedarf zu finden.

In vielen Familien gehen Hochzeiten, Beschneidungsfesten oder hohen religiösen Feiertagen noch immer regelrechte Kampfeinsätze voraus. Der ganze Verband rückt im Basar an, um vereint sämtliche Anschaffungen zu tätigen. *Mayadrom*, aber auch weniger exklusive *alışveriş merkezi* (Einkaufszentren) modernsten Zuschnitts erscheinen da wie Raumschiffe von einem fremden Stern. Besorgungen macht man eher nebenher. Erleben, Schauen und Staunen sind die eigentlichen Anreize, weshalb sich die Zentren mit Kinos, Eisbahnen oder Karussells gegenseitig und gnadenlos überbieten.

Wo finde ich was?

bedesten bestgesicherter Teil im alten Basar; einst Luxusartikel, heute zumeist Teppiche, Schmuck, Antiquitäten

sahaflar çarşısı Antiquariate

eskıciler Trödler

kuyumcular Goldschmiede

halıcılar Teppichhändler

bakırcılar Kupferschmiede

baharatçılar Gewürzhändler

bit pazarı Flohmarkt

7 Nehmen Sie auch Devisen?

Wie fast jeder Ausländer ist auch Peter Hassan fasziniert von den dicken Banknotenbündeln, die sich Türken gerne ohne Portemonnaie in die Tasche stecken. Von bargeldlosen, amerikanischen Verhältnissen ist die Türkei noch weit entfernt. *Kredi kartları* (Kreditkarten), *çek* (Schecks), *para otomatı* (Geldautomat), wiewohl auf dem Vormarsch, sind noch immer Sache höherer Einkommen und im alltäglichen Zahlungsverkehr ohne große Bedeutung. Staatsgründer Atatürk, präsent auf jeder Banknote, schaut seiner Bevölkerung buchstäblich auf die Finger.

Diagnose? Galoppierende Schwindsucht! Hoffnung auf Besserung? Ungewiss! Das gut zwanzigjährige Siechtum der *Türk Lirası* (Türkische Lira) treibt selbst die unverbesserlichsten Optimisten zum Devisenkonto. Aber nicht nur Ersparnisse werden, wenn möglich, in harten ausländischen Währungen angelegt. Die ganze Wirtschaft denkt in Dollar oder Euro. Auf Preisangaben oder -schilder ist so nie ganz Verlass. *Eski fiat* (alter Preis) heißt es oft, kaum dass man sich beim raschen Umrechnen im Kopf über das vermeintliche Schnäppchen gefreut hat. Im Tourismus zumal feilscht es sich weit wirkungsvoller, wenn Sie signalisieren, dass Sie mit *döviz* (Devisen) zahlen.

Auch Peter Hassan, ständig auf der Jagd nach dem besten *kur* (Kurs), wechselt immer nur relativ kleine Beträge. Aber er verkennt, wie rasch diese dahinschmelzen. Stets fehlt es ihm an *nakit* (Bargeld). *Param gene kalmadı.* (Mein Geld ist schon wieder alle.) seufzt er und hält Ausschau nach einem *dövizci* (Wechselstube). Hier, weiß er, geht Wechseln nach Tageskurs schnell und unbürokratisch. Zur Not hilft auch einmal ein *kuyumcu* (Goldschmied). Ansonsten bleibt nur der Weg zur *banka* (Bank). *Bugün Dollar ne kadar?* (Wie steht heute der Dollar?) ist seine Standardfrage zum Auftakt. Danach folgt ein umständliches Verfahren mit Pass, Kontrollen, mehreren Unterschriften, das im Rattern der Zähl- und Bündelmaschine am *vezne* (Kassenschalter) kulminiert.

Dennoch ist er bald wieder pleite; und ausgerechnet im teuersten Buchladen der Stadt. *Türk Liram kalmadı. Dollar da olur mu?* (Ich habe keine Lira mehr. Gehen auch Dollar?)

A Param hiç yok 7

1/26

bozdurmak	wechseln lassen
bugün	heute
olsun	soll sein
peki	in Ordnung, okay
bozuk	kaputt
para	Geld
hiç	überhaupt
cüzdan	Geldbeutel, Brieftasche
zarf	Umschlag
fakat	aber

Dolar bozdurmak istiyorum.	Ich möchte Dollar wechseln.
Ne kadar?	Wie viel?
Bugün Dolar ne kadar?	Wie steht der Dollar heute?
Bir dakika. Bugün Dolar 525.000.	Augenblick. Heute steht der Dollar auf 525.000.
O zaman 250 Dolar olsun.	Dann sollen es 250 Dollar sein.
Peki. 250 Dolar ... 131.250.000.	In Ordnung. 250 Dollar ... 131.250.000.
250.000 bozuk paranız var mı?	Haben Sie 250.000 klein?
Maalesef Türk param hiç yok.	Leider habe ich überhaupt kein türkisches Geld.
Peki. Buyrun paranız.	Okay. Hier bitte, Ihr Geld.
Affedersiniz, cüzdanım çok küçük. Zarfınız var mı?	Pardon, mein Portemonnaie ist sehr klein. Haben Sie einen Umschlag?
Var. Fakat zarflarımız çok büyük değil.	Ja. Aber unsere Umschläge sind nicht sehr groß.
Küçük olsun. Fark etmez.	Soll er klein sein. Macht nichts.

mein, dein etc.

Besitzanzeigendes Fürwort als Anhängsel: Große Vokalharmonie nach Mitlauten und nach Selbstlauten:
mein
-im (-üm,-ım,-um)/-m
dein
-in (-ün, -ın, -un)/ -n
sein, ihr
-i (-ü, -ı, -u)/-si (-sü, -sı, -su)
unser
imiz (-ümüz, -ımız, -umuz)/ -miz (-müz, -mız, -muz)
euer, Ihr
-iniz (-ünüz, -ınız, -unuz)/-niz (-nüz, -nız, -nuz)
ihr
-leri (-ları)/-leri (- ları)

haben

Die Konstruktion mit besitzanzeigendem Fürwort und *var – yok*, auf S. 21 schon mal vorsichtig angedeutet, können Sie jetzt genau nachvollziehen:
iş + -iniz + var.
Sie haben Arbeit.
ev (= Haus) + *-im* (= mein) + *yok*.
Ich habe kein Haus.

Bringen Sie *hiç* zum Einsatz. Verstärkt jede Verneinung im Sinne von „überhaupt nicht“. Ihre Antwort beginnt immer mit „Ich“.

1. Ich habe überhaupt kein ...

1/27

Bozuk param hiç yok.

1. Bozuk paranız var mı?
2. Güzel arkadaşınız var mı?
3. Büyük zarfınız var mı?
4. Başka eviniz var mı?
5. Mavi gömleğiniz var mı?
6. Ucuz bir şeyiniz var mı?

Bei Frage 4 eine Kostprobe, wie wunderbar sich Anhängsel aneinanderreihen lassen: *cüzdan* + *-ın* (= deine) + *-da* (= in) = in deiner Brieftasche.

2. Welche Erwiderung passt?

1. Dollar bozdurmak istiyorum.	a ■ Ne kadar?
	b ■ Ne zaman?
2. Eviniz var mı?	a ■ Evi yok.
	b ■ Evim yok.
3. Bugün Dollar ne kadar?	a ■ Bügün 525.000 Dolar'ım var.
	b ■ Bugün Dolar 525.000.
4. Cüzdanında para var mı?	a ■ Cüzdanımda 5 milyon Türk Lirası var.
	b ■ Cüzdanımda bir telefon kartı var.

Das persönliche Fürwort vor dem Doppelpunkt gibt vor, welches besitzanzeigende Anhängsel gefragt ist.

3. Wem gehört's?

Arkadaşlarım çok deli.

1. Ben: Arkadaşlar__ çok deli.
2. O: Bölge__ çok büyük.
3. Biz: Telefon__ iyi değil.
4. Onlar: Ev___ çok küçük.
5. Sen: Meslek___ güzel değil.
6. Siz: Teyze___ çok yaşlı.

Schon wieder Kleingeld. Auf Türkisch klingt es witziger: *bozuk para* = wörtlich: kaputtes Geld.

yer heißt sowohl Platz als auch Ort.

4. Wie heißt's auf Türkisch?

1. Ich habe kein Kleingeld.
2. Ich möchte 85 Dollar wechseln.
3. Heute soll es etwas Schönes sein.
4. In meiner Brieftasche ist überhaupt kein Platz.
5. Dein Hemd soll grün sein.
6. Ihr Haus ist schön, aber sehr teuer.

Ein Angriff auf Intuition und Allgemeinbildung. Bringen Sie Land und Währung zueinander.

5. Welche Währung?

1. Fransa	a ■ pezeta
2. Rusya	b ■ sterlin
3. İngiltere	c ■ frank
4. Avusturiya	d ■ euro
5. Avrupa	e ■ şilin
6. İspanya	f ■ ruble

1/28

pasaport	Pass
yan	Seite
yanımda	bei mir
dövizci	Wechselstube
olmaz	geht nicht, unmöglich
neden	warum?
sadece	nur
çek kartı	Scheckkarte
bütün	alle, ganze
otomat	Automat
olur	geht, möglich

Eyvah.	Oh je!
Neyin var?	Was hast du?
Para bozdurmak istiyorum, fakat pasaportum yanımda değil.	Ich möchte Geld wechseln, aber ich habe meinen Pass nicht dabei.
Fark etmez. Dövizciye gidelim.	Macht nichts. Lass uns zur Wechselstube gehen.
Olmaz.	Geht nicht.
Neden?	Wieso?
Yanımda sadece çek var. Bütün param evde..	Ich habe nur Schecks dabei. Mein ganzes Geld ist zu Hause.
Öyle mi? Çek kartın da yanında mı?	Wirklich? Hast du auch deine Scheckkarte dabei?
Yanımda. Neden? Türkiye'de otomat yok mu?	Ich habe sie dabei. Warum? Gibt es in der Türkei denn keine Automaten?
Var tabii.	Die gibt's natürlich.
Euroçek kartı da olur mu?	Gehen auch Euroscheckkarten?
Olur.	Die gehen.

bei, neben

yan (= Seite) + besitzanzeigendes Anhängsel + *-de, -da:*
yan-ım-da (= an meiner Seite) = bei mir, neben mir
Pasaportum yan-ım-da.
Ich habe meinen Pass dabei.
Param yan-ım-da değil.
Ich habe mein Geld nicht dabei.

Füllmitlaut *n*

Steht zwischen den besitzanzeigenden Endungen der 3. Person und weiterem Anhängsel:
yan-ın-da = bei ihm, ihr
amca-sın-da = bei seinem Onkel

mein, dein etc.

Als eigenständige Worte auf die Frage *kimin* (= wessen?):

benim	mein
senin	dein
onun	sein
bizim	unser
sizin	euer, Ihr
onların	ihr

Schauen Sie einfach auf das besitzanzeigende Anhängsel beim Hauptwort und ergänzen Sie *yan-* entsprechend. Bei Fragen 5 und 6 *yan-...-da* mit „neben“ übersetzen.

1. Dabei oder nicht dabei?

*Bütün param yan**ımda**.*

1. Bütün param yan____.
2. Pasaportu yan____ değil.
3. Pasaportunuz yan____ mı?
4. Çek kartın yan____ mı?
5. Benim yan____ bir şey yok.
6. Onun yan____ Ayşe var.

Links zudecken und gut zuhören.

2. Welche Erwiderung passt?

1/29

1. Çek kartın yanında mı?
   - a ■ Evet, cüzdanımda.
   - b ■ Evet, Almanya'da.
2. Bugün çok üzgünsün. Neyin var?
   - a ■ Türkiye'den çok iyi bir arkadaş geldi.
   - b ■ Param kalmadı.
3. Bütün paran nerede?
   - a ■ Bütün param bankada.
   - b ■ Bütün parası bankada.
4. Ali'lere gidelim mi?
   - a ■ Olmaz. Evde yok.
   - b ■ Olur. Evde yok.

Befriedigen Sie Ihre Neugier mit *kimin?* (= wessen?)

3. Wessen ... ist das?

*Bu para **benim**.*

1. Bu para kimin? (meins)
2. Bu pasaport kimin? (Ihrer)
3. Bu ev kimin? (seins)
4. Bu gömlek kimin? (ihres)
5. Bu cüzdan kimin? (deins)
6. Bu telefon kartı kimin? (eure)

Ruhen Sie sich mal aus vom Anhängselterror. Hier einfach nur Worte einsetzen. Zu 5: TL = *Türk Lirası*, die türkische Währung.

4. Was fehlt?

1. Neden Dollar _______ istiyorsun? – Başka param kalmadı.
2. Bu bankada Euroçek kartı ____ mu? – Maalesef olmaz.
3. Pahalı bir şey almak istiyorum, fakat cüzdanımda ____ yok.
4. Ne zaman bir daha görüşelim? – Bugün ___, fakat yarın olur.
5. Bu kot ne kadar? – 18 milyon TL. – Eyvah, yanımda _______ 15 milyon var.

Warum sind nur alle so traurig? *Ne* (= was?) + *-y* + besitzanzeigendes Anhängsel + *var* ergibt eine „Was hast/haben ...?“ -Frage.

5. Wo drückt der Schuh?

*Ney**i** var?*

1. Bugün Ali çok üzgün.
2. Bugün çok üzgünsün.
3. Hanımefendi, çok üzgünsünüz.
4. Bugün çok üzgünüm.
5. Bugün çok üzgünüz.
6. Arkadaşlar çok üzgün.

Sabancı – „american dream“ auf Türkisch 7

Nicht vom Tellerwäscher, aber vom Baumwollpflücker – Sakıp Sabancı hat es geschafft. Aufgestiegen in die Champions League der Dollarmilliardäre, kürte ihn die New York Times zum Unternehmer der 90er Jahre. In die Wiege gelegt war es ihm nicht. Die Zustände in seiner Heimatregion, der archaischen Çukurova-Ebene um Adana, waren symptomatisch für das ganze Land. Blühende Wirtschaftsräume sahen allenfalls Visionäre. Armenier und Griechen, vormals Träger von Wirtschaft und Handel, hatten in Atatürks neu geschaffener Nation keinen Platz mehr, und mit der Restbevölkerung – Soldaten, Bauern, kleinen Handwerkern – war kein Staat zu machen. Die Folge: ein sozialistisch angehauchtes Wirtschaftssystem, das im Wesentlichen bis Anfang der 80er Jahre Bestand hatte.

Freien Waren- und Geldverkehr führte erst die Ära Turgut Özal ein, deren liberalistische Politik die Türkei völlig veränderte. Motto: Koran und Computer! Mittlerweile bauen türkische Firmen Autobahnen in Pakistan und Flughäfen in Russland. Die jüngste Managergeneration ist durch die Hochschulen der USA gegangen, und die neue Elite des Geldes fördert, nach amerikanischem Vorbild, Kunst und Bildung aus eigener Tasche. Sakıp Sabancıs Lieblingsprojekt, die Sabancı Universität, kooperiert mit keinem Geringeren als Harvard. Das Anspruchsvollste ist ihm gerade gut genug. Wir werden die Japaner des Nahen Ostens, prophezeit er, bestreitet aber nicht, dass noch ein langer Weg bevorsteht. Gewaltige soziale und ethnische Spannungen könnten der Türkei einen dicken Strich durch die Rechnung machen.

Im High-Tech-Bereich oftmals noch nicht konkurrenzfähig, setzt die Türkei erfolgreich auf die Besonderheiten des islamischen Marktes. Unzählige Lebensmittel des Westens gelten als nicht *helal* (koscher); vom Fleisch nicht ordnungsgemäß geschächteter Tiere bis hin zu vielen Produkten, bei deren Herstellung dubiose tierische Fette eine Rolle spielen. Eine Marktlücke auch die Haute Couture. Reiche und modebewusste Muslimas aus Dubai oder Kuala Lumpur kaufen ihre Robe nicht mehr bei den namhaften Modeschöpfern des Westens, sondern bei Firmen wie *Tekbir Giyim*, einem der weltgrößten Hersteller islamischer Damenmode.

8 Wann machen die Läden auf?

Sonntag

Der arbeitsfreie *pazar* (Sonntag) ist nach westlichem Vorbild eingeführt. Vom *cuma* (Freitag), dem eigentlichen Ruhetag der islamischen Welt, spürt man nur etwas um die Mittagszeit. Dann zeigt sich der gute Bürger in der *cami* (Moschee), auch wenn er mit der Religion sonst nicht viel am Hut hat. Von den täglich fünf *namaz* (Gebet) ist allein das mittägliche Freitagsgebet mit einer Art Kanzelpredigt verbunden.

Die Wochentage

pazartesi	Montag
salı	Dienstag
çarşamba	Mittwoch
perşembe	Donnerstag
cuma	Freitag
cumartesi	Samstag
pazar	Sonntag

Das rasselnde Geräusch geht durch Mark und Bein. *Saat kaç?* (Wie spät ist es?), fragt Peter Hassan einen Passanten. Dabei kennt er die Antwort genau. *Saat yedi.* (Sieben Uhr.) Punkt 19 Uhr, im Basar zuweilen noch früher, gehen in den meisten Läden die Rollläden herunter. Reine Geschäftsviertel veröden von diesem Zeitpunkt an noch dramatischer als eine deutsche Innenstadt. Selbst über den Wohnvierteln lasteten vertraute deutsche Verhältnisse, gäbe es da nicht den *bakkal* (Krämer) oder einen kleinen *market* (Supermarkt). Je nach Bedarf harren diese bis tief in die Nacht aus und scheren sich auch nicht um die gängigen Öffnungszeiten. Peter Hassan nimmt ihre Dienste jeden Abend in Anspruch, obwohl gerade er es sich doppelt leisten kann, seine wichtigsten Besorgungen erst nach 19 Uhr zu machen. Beyoğlu, seine Wohngegend, zieht Touristen und Nachtschwärmer an, und für diese beiden Zielgruppen sind ohnehin sämtliche Ladenschlusszeiten aufgehoben.

Bei seinem Stammkrämer um die Ecke stutzt er. *Kapalı?* (Geschlossen?) Um diese Zeit? *Ne zaman açacak?* (Wann macht er auf?), fragt er im Nachbarladen und erfährt zugleich den Grund der Abwesenheit. Der Krämer sei beim Beten. In einer halben Stunde gehe es weiter. Klar! Peter Hassan erinnert sich, dass Läden vor allem Freitag mittags während des wichtigsten Gebets im Islam stets geschlossen bleiben. Mancherorts ruht dann oft das gesamte öffentliche Leben. Aber natürlich nicht im Sündenbabel *Beyoğlu*. Gerade diesen Morgen auf der Post sah er den *postacı* (Postbeamten) lustvoll mit Touristinnen schäkern.

Saat kaçta açacak?

1/30

buralarda	hier in der Nähe
market	Supermarkt, Kaufladen
Cumhuriyet caddesi	Straße der Republik
saat kaçta?	um wieviel Uhr?
açacak	wird aufmachen
normal olarak	normalerweise
-(y)e,-(y)a kadar	bis
postane	Post
yakın	nahe
açık	offen

Buralarda market var mı?	Gibt's hier in der Nähe einen Supermarkt?
Var. Cumhuriyet caddesinde.	Ja. In der Cumhuriyet-Straße.
Saat kaçta açacak?	Um wie viel Uhr macht er auf?
Normal olarak saat dokuzda.	Normalerweise um 9 Uhr.
Ne zamana kadar?	Bis wann?
Saat yediye kadar.	Bis sieben Uhr.
Postane de var mı?	Gibt es auch eine Post?
Var. Çok yakın.	Ja. Ganz nahe.
Saat kaçta açacak?	Um wie viel Uhr macht sie auf?
Normal olarak saat sekizden saat altıya kadar açık.	Normalerweise ist sie von acht Uhr bis sechs Uhr geöffnet.

Zeit

saat (= Stunde, Uhr) + *kaç* + *-da?* = Um wie viel Uhr?
Antwort: *Saat altıda.* = Um sechs Uhr.
Frage: *Saat kaç?* = Wie spät ist es?
Antwort: *Saat beş* = 5 Uhr.
Für halbe Stunden *buçuk:* *Saat beş buçuk* = 5.30 Uhr.

bis

zeitlich und räumlich

Gruppe I → *-(y)e kadar*
saat yediye kadar = bis sieben Uhr

Gruppe II → *-(y)a kadar*
nereye kadar = bis wohin?
İstanbul'a kadar = bis Istanbul

von – bis

Saat birden saat dörde kadar.
Von ein Uhr bis vier Uhr.
İstanbul'dan Ankara'ya kadar.
Von Istanbul bis Ankara.

Ehe Sie starten: Zurückblättern auf S. 15 und S. 29 und noch mal schauen, wie harte und weiche Mitlaute aufeinander reagieren.

1. Von wann bis wann?

*Saat beş**ten** saat on yedi**ye** **kadar**.*

1. 5 Uhr – 17 Uhr
2. 2 Uhr – 9 Uhr
3. 12 Uhr – 16 Uhr
4. 13 Uhr – 22 Uhr
5. 8 Uhr – 18 Uhr
6. 11 Uhr – 1 Uhr
7. 13 Uhr – 23 Uhr
8. 6 Uhr – 10 Uhr

Denken Sie daran: *saat* bedeutet auch Uhr. An maulfaulen Tagen auf Zeitanfragen also einfach behaupten: *Saatım bozuk* = Meine Uhr ist kaputt.

2. Welche Erwiderung passt?

1. Postane saat kaçta açacak?
   a ■ Saat sekizde.
   b ■ Saat yirmi dörtte.
2. Ali ne zaman geldi?
   a ■ Yarın.
   b ■ Bugün.
3. Bu market açık mı?
   a ■ Evet. Akşama kadar.
   b ■ Evet. Ankara'ya kadar.
4. Buralarda banka var mı?
   a ■ Evet. Çok güzel.
   b ■ Evet. Çok yakın.

Normalerweise müssten Sie das hinkriegen.

3. Bitte übersetzen Sie

1. Normalerweise arbeite ich als Journalist.
2. Normalerweise ist mein Telefon kaputt.
3. Normalerweise ist dieser Supermarkt bis 21 Uhr geöffnet.
4. Normalerweise mag ich das nicht.
5. Normalerweise arbeite ich von 8 Uhr bis 20 Uhr.

Für *kot* dürfen Sie, neutürkisch, auch *blucin* sagen.

4. Welches Wort tanzt aus der Reihe?

1. sekiz – sadece – dokuz – dört
2. Broadway – Cumhuriyet Caddesi – Kurfürstendamm – İzmir
3. para – çek kartı – kot – Türk Lirası
4. bugün – şimdilik – yakın – yarın
5. zarf – saat – zaman – dakika

Spielen Sie Zeitansage.

5. Wie spät ist es?

Saat kaç? – ***Saat on beş yirmi beş.***

1. 15.25 Uhr
2. 7.46 Uhr
3. 12.30 Uhr
4. 8.30 Uhr
5. 19.15 Uhr
6. 23.30 Uhr

1/32

için	für
posta postrestant	postlagernde Post
bana	mir
tane	Stück
pul	Briefmarke
vermek/verir misiniz	geben/würden Sie bitte geben
-lık	zu soundsoviel (angehängt)
mektup	Brief
kartpostal	Post-, Ansichtskarte
bir de	außerdem

Benim için posta postrestant var mı?	Gibt es postlagernd Post für mich?
Maalesef bugün sizin için bir şey yok.	Leider gibt es heute nichts für Sie.
Peki. Bana üç tane pul verir misiniz.	In Ordnung. Würden Sie mir bitte 3 Briefmarken geben.
Kaç liralık?	Zu wie viel Lira?
Bilmiyorum. Mektup Almanya'ya ne kadar?	Weiß nicht. Was kostet ein Brief nach Deutschland?
350.000.	350.000.
O zaman 350.000lik iki tane olsun. Ya kartpostal?	Dann sollen es 2 Stück zu 350.000 sein. Und Postkarten?
275.000.	275.000.
İyi. Bir de 275.000lik bir tane.	Gut. Außerdem eine zu 275.000.
Buyrun. Bunu da alır mısınız. Bugün geldi.	Bitte. Würden Sie bitte auch dies hier nehmen. Es ist heute angekommen.
Tabii. Bu mektup kimin için?	Sicher. Für wen ist dieser Brief?
Bay Ali Akkaya için.	Für Herrn Ali Akkaya.

für

nach Haupt- und Zeitwörtern:
bu arkadaş için
für diesen Freund
çalışmak için geldi
Er ist gekommen, um zu arbeiten.
nach Für- und Fragewörtern in der Zugehörigkeitsform:
benim, senin için
für mich, dich
bunun, onun için
für dieses, jenes
kimin için
für wen?

Wortbildung

per Anhängsel, z.B. zur Angabe eines Maßes

Gruppe I → *-lik, -lük*
350.000lik pul
eine Briefmarke im Wert von 350.000

Gruppe II → *-lık, -luk*
30 dakikalık yol
ein Weg von 30 Minuten Dauer

Kime?	**zu wem?**
bana	mir
sana	dir
ona	ihr, ihm
bize	uns
size	euch, Ihnen
onlara	ihnen

Einkaufen – mit dieser Formulierung leicht gemacht. Bei Frage 5 gibt's wie bei Frage 1 eine kürzere und eine längere Lösung.

1. Zwei Stück zu einsfuffzig

***Bir buçukluk 2 tane** verir misiniz!*

1. 2 Stück zu einsfünfzig
2. 5 Stück zu 350.000
3. 10 Stück zu 184
4. 99 Stück zu 9.999
5. 3 Stück zu 3 1/2 Mio.
6. 1 Stück zu 47, 2 Stück zu 18

Frage 1 ist gar nicht so selten. In Dörfern und Kleinstädten wird Post nicht zugestellt, sondern selbst abgeholt. Beim Krämer zum Beispiel.

2. Welche Erwiderung passt?

1/33

1. Benim için posta var mı?
   - a ■ Evet. Bizim için var.
   - b ■ Evet. Sizin için var.
2. Bana beş tane zarf verir misiniz.
   - a ■ Kaç liralık?
   - b ■ Kaç dakikalık?
3. Bu paket kimin için geldi?
   - a ■ Bu paket bugün geldi.
   - b ■ Bu paket senin için geldi.
4. Mektup Almanya'ya ne kadar?
   - a ■ Kartpostaldan pahalı.
   - b ■ Kartpostaldan ucuz.

Hier müssen Sie wieder Diverses in Ihrem Hirn abrufen: alte Vokabeln, besitzanzeigende Endungen und das Wörtchen *için*.

3. Für wen wollen Sie es kaufen?

*Bunu **evimiz için** almak istiyorum.*

1. für unser Haus
2. für dich
3. für Sie
4. für die Türkei
5. für ihn
6. für seinen Freund

-lik, -lük, -lık, -luk bilden auch Hauptwörter. Ihnen bekannte Wörter verwandeln sich dadurch in etwas Neues. Finden Sie es heraus.

4. Simsala-lık

1. kitaplık
2. yakınlık
3. hanımlık
4. arkadaşlık
5. bütünlük

- a ■ Damenhaftigkeit
- b ■ Freundschaft
- c ■ Ganzheit
- d ■ Bücherregal
- e ■ Nähe

Ben, benim, bana, bunun, bunu – klingt wie Kisuaheli, da schwirrt einem ja der Schädel. Füllen Sie damit die Lücken.

5. Was fehlt?

1. Bunu _____ söyle!
2. _____ evim senin evinden güzel.
3. _____ Peter Hassan!
4. Ben _____ almak istiyorum.
5. _____ üç tane verir misiniz?
6. _____ için.

Wenn Sie glauben, Asien beginne am Bosporus, haben Sie sich getäuscht. In Wirklichkeit verläuft die Grenze auf der Höhe von Neapel, zumindest nach Meinung der Gebärdenspezialisten. Im Orient funktionieren und wackeln die Köpfe anders. Beim Jasagen eher zur Seite, beim Neinsagen rauf und runter, verstärkt durch ein leichtes Zungenschnalzen samt Anheben der Augenbrauen, das unbedarfte Mitteleuropäer schlicht arrogant finden. Hier liegt wohl eine der noch gänzlich unerforschten Wurzeln des Ost-West-Konflikts. Nett gemeint von Sultan Saladin und vom Kreuzfahrer fälschlich krumm genommen. Nicht minder irritierend: zwei der Länge nach aneinander geriebene Zeigefinger. Das türkische Bäuerlein, mit zwei Ausländern radebrechend, will damit eigentlich nur rauskriegen, ob sie befreundet sind; nicht, ob sie es miteinander treiben, wiewohl es genau so auf uns wirkt. Konfliktherd Nummer 3: das Winken! Die waagrecht ausgestreckte Hand, die nach unten flattert, bedeutete in Deutschland eher: Stopp! In der Türkei: Komm! Lassen Sie sich also erst dann in eine Parklücke einweisen, wenn Sie die Zeichen meistern.

Kurios, aber ungefährlich: der Daumen, der am ausgestreckten Zeigefinger derselben Hand, ausgehend von der Fingerspitze, die Größe zum Beispiel eines Insekts verdeutlicht. Und wenn Sie das Gefühl haben, dies alles sei erstunken und erlogen, dann machen Sie jetzt Folgendes: Rechten Zeigefinger unters rechte Auge, ziehen und einen Einblick in die Welt ihrer roten Äderchen gewähren. Motto: Rutsch mir den Buckel runter!

Das mit den Parklücken sollten Sie – sofern Sie demnächst mal eben die Seidenstraße nach China befahren – auf der ganzen Route beherzigen. Es folgt nämlich ein klangvoller rein türkischer Stadtnamen nach dem andern:
Taşkent (= Stein-Stadt) in Usbekistan
Samarkand (= Stadt der Packsattel) in Usbekistan
Almaata (= Apfel-Stadt) in Kasachstan

Test 2

Das Gegenteil von *helal* in Frage 5 ist *haram.*

1. Welche Antwort ist richtig?

1. Der Eroberer von Konstantinopel war ...
   - a ■ Süleyman der Prächtige.
   - b ■ Mehmet der Zweite.
   - c ■ Selim der Grausame.
2. Die türkische Währung heißt ...
   - a ■ Lyra.
   - b ■ Lara.
   - c ■ Lira.
3. *bozuk para* ist ein Ausdruck für ...
   - a ■ schmutziges Geld.
   - b ■ Kleingeld.
   - c ■ Falschgeld.
4. Die Çukurova ist ...
   - a ■ eine Landschaft bei Adana.
   - b ■ die bekannteste Altistin der Türkei.
   - c ■ die Türkei-Abteilung des bulgarischen Geheimdienstes.
5. Ist eine Speise *helal*, ...
   - a ■ gilt sie als perfekt gewürzt.
   - b ■ sollten Touristen sie meiden.
   - c ■ darf auch der frömmste Muslim zulangen.
6. Zungenschnalzen bei gleichzeitig hochgezogenen Augenbrauen ...
   - a ■ kommt einem unsittlichen Angebot gleich.
   - b ■ heißt einfach nur: nein!
   - c ■ ist das geheime Erkennungszeichen verbotener Derwischorden.

Wären Sie ein Türke und lernten gerade Deutsch, hieße diese Übung *sorular ve cevaplar.*

2. Fragen und Antworten

1. Kiminle görüşüyorum?	a ■ Olmaz
2. Numaranızı söyler misiniz!	b ■ Ben Peter Hassan.
3. Bu kot ne kadar?	c ■ Yedi buçukta.
4. Bunu deniyebilir miyim?	d ■ Numaram 24 26 89.
5. Bu markette çek olur mu?	e ■ Yirmi beş milyon.
6. Saat kaçta açacak?	f ■ Kaç beden giyiyorsunuz?

3. Was fehlt?

1. Sibel hanım'___ görüşebilir miyim?
   a ■ -le
   b ■ -da
   c ■ -la
2. Bu mavi kot ___ kadar?
   a ■ kaç
   b ■ neden
   c ■ ne
3. Şu gömlek o gömlek___ güzel.
   a ■ -den
   b ■ -dan
   c ■ -ten
4. Ucuz bir şey _____ istiyorum.
   a ■ görüşmek
   b ■ affetmek
   c ■ almak
5. Bozuk param ___ yok.
   a ■ hiç
   b ■ hangi
   c ■ cep
6. Telefon kartım _____ değil.
   a ■ yanında
   b ■ yanımda
   c ■ yanımızda

Verwünschen Sie bereits die Anhänglichkeit der Anhängsel?

4. Wie heißt das auf Türkisch?

1. Haben Sie Ihren Pass dabei?
2. Ich möchte für meinen Freund 150 Dollar wechseln.
3. Würden Sie bitte morgen anrufen?
4. Ich möchte dies kaufen, aber mein Geld ist alle.
5. Was haben Sie? Sind Sie traurig?
6. Gibt es hier in der Nähe ein Postamt?

Wollen Sie statt Pass mal Ausweis sagen? *Simsala-lık: kim* (= wer?) + *-lik* → *kimlik* (= Personalausweis)

9 Einfach oder hin und zurück?

Taksi

Günstiger als in Deutschland, auch wenn in den Metropolen zuweilen Umwege gefahren werden, die die *ücret* (Kosten) in die Höhe treiben. Selbsternannte Taxifahrer sollten Sie ablehnen; nehmen Sie nur Wagen im offiziellen Taxigelb sowie einem funktionierenden Taxameter. Prägen Sie sich *gündüz* (tags) und *gece* (nachts) ein. Bei älteren Modellen leuchten über *gündüz* oder *gece* zwei rote Lämpchen; so wissen Sie, ob der Tagestarif (von 6–24 Uhr) oder der teurere Nachttarif eingeschaltet ist. Bei neuen Taxametern mit LCD-Display wird die Fahrpreisanzeige in regelmäßigen Abständen kurz von *gündüz* oder *gece* unterbrochen.

Tageszeiten

sabah	Morgen
öğle	Mittag
akşam	Abend
gece	Nacht

Pling, pling – scheppert die Saz (Langhalslaute) des blinden Sängers Aşık Veysel: Seitdem man mich geboren, war ich dem Weg verschworen, in einem Gasthaus mit zwei Toren, ich geh' bei Tag und Nacht! *Gündüz gece* (Tag und Nacht) scheinen irgendwie alle Türken unterwegs, wenn auch nicht in jenem mystische Sinne des Barden. Vor allem die Hatz nach Schulen und Jobs treibt die halbe Bevölkerung ständig um; die meisten in die Ballungsgebiete des Westens, wo sich alle Errungenschaften der Moderne, auch die zweifelhaften, konzentrieren. Die emotionale Bindung ans eigene *köy* (Dorf), aus dem 90% aller Türken ursprünglich stammen, tut ein Übriges. Immer wieder treibt es einen zurück. Wer es nicht selbst schafft, lässt wenigstens die Kinder die Ferien dort verbringen.

Auch Peter Hassan, obwohl waschechter Berliner, begibt sich auf Spurensuche nach seinen türkischen Wurzeln. Der Großteil deiner Arbeit ist doch getan, meinte Sibel. Interessiert es dich nicht, wo die Hassans herkommen? Die Idee ist verlockend: eine Reise in den Nordosten, zumal Sibel verspricht (oder androht?) ihre gesamte dortige Verwandtschaft zu mobilisieren. Am nächsten Tag schon lässt er sich mit einem *taksi* (Taxi) zum riesigen *otogar* oder *terminal* (Busbahnhof) bringen. Gut, dass Sibel für ihn reserviert hat. Im Dickicht Hunderter privater Busunternehmer hätte er sich nur schwer zurecht gefunden. Auch der Taxifahrer, noch neu im Geschäft, muss sich durchfragen. Firma Ulusoy? *Sağa, sola, düz ...* (Rechts, links, geradeaus ...) lauten die verwirrenden Antworten. Sie schaffen es in letzter Minute. *Otobüs az sonra kalkıyor.* (Der Bus fährt in Kürze ab.)

1/34

şirket	Firma
çalışmak/çalışıyor	arbeiten/arbeitet, funktioniert
en	am meisten
büro	Büro
önce	vorher, davor, zuerst
düz	eben, geradeaus
-den sonra	nach
sol	links
sağ	rechts
işte	da ist, sieh her

Affedersiniz, Trabzon'a hangi şirket çalışıyor?	Verzeihung, welche Firma fährt nach Trabzon?
En iyisi Ulusoy.	Die beste ist Ulusoy.
Bürosu nerede?	Wo ist deren Büro?
Önce düz gidiyorsunuz.	Zuerst gehen Sie geradeaus.
Nereye kadar?	Bis wohin?
Şu büyük yeşil eve kadar.	Bis zu diesem großen grünen Haus.
Ya o yeşil evden sonra?	Und nach diesem grünen Haus?
Sola.	Nach links.
Sonra?	Danach?
Sonra sağa gidiyorsunuz.	Danach gehen Sie nach rechts.
Eee?	Und?
İşte Ulusoy bürosu.	Da ist das Ulusoy-Büro.

en iyisi

en (= am meisten) + *iyi* (= gut) + *-si* (besitzanzeigend: seine) = das Beste. *en* vor einem Eigenschaftswort bewirkt Superlativ. Klar? Warum aber *-si*? Grund: die fürs Türkische so wichtige Wesfall-Konstruktion. Fragen Sie sich: Das Beste wovon? Die beste der Firmen ist hier gemeint. *-si* (= sein) bezieht sich auf *şirket* à la „der Oma ihr klein Häuschen“:

en iyisi	(der Firmen) ihre beste
bürosu	(der Firma Ulusoy) ihr Büro

önce/sonra

Drei Möglichkeiten:
önce/sonra – ohne Bezugswort – *önce/sonra sola* = zuerst/danach nach links
önce/sonra – Zeitdauer – *1 gün önce/sonra* = einen Tag vorher/1 Tag später
-den önce/sonra – Zeitpunkt – *öğleden önce/sonra* = vormittags/nachmittags

işte

Neben „da ist, sieh her“ (in etwa wie franz. voilà) bedeutet es auch „Ist eben so!“ im Sinne einer achselzuckenden Antwort auf die Frage: Warum ist die Banane krumm?

Bei jedem Hauptwort steht ein Eigenschaftswort. Hauptwort nur noch im Kopf als Bezug, dann Sätze bilden nach dem Muster en *iyisi*. Betonung auf *en*!

1. Das Teuerste, Schönste ...

En pahalısı 35 milyon Türk Lirası.

1. gömlek: pahalı – 35 milyon Türk Lirası
2. hanım: güzel – Bayan Monroe
3. bey: yaşlı – Salih dede
4. şirket: ucuz – Crash Airways
5. ev: küçük – benim
6. arkadaş: deli – senin

Achtung bei Frage 2: „Der Oma ihr klein Häuschen" auch auf Fragewörter übertragen: *hangi -si* (= welcher davon?)

2. Welche Erwiderung passt?

1/35

1. İstanbul'a hangi şirket çalışıyor?
   a ■ En pahalısı Ulusoy.
   b ■ En büyüğü Muhammet Ali.
2. İki tane kot var. Hangisi daha güzel?
   a ■ Mavisi daha güzel.
   b ■ Yaşlısı daha güzel.
3. Ulusoy bürosu nerede?
   a ■ Şu evden sonra.
   b ■ Akşamdan sonra.

nereye kadar = bis wohin?, *ne zamana kadar* = bis wann? *saat kaça kadar* = bis wie viel Uhr? Welche Frage steht wo?

3. Bis ...?

*Nereye **kadar?***

1. Şu evden sonra düz gidiyorsunuz. – _________?
2. _______ açık? – Saat 19a kadar açık.
3. _______ kapalı? – Yarına kadar kapalı.
4. _______ kapalı? – Bu akşama kadar kapalı.
5. Sola gidelim mi? – ________?
6. _______ evde? – Ayşe saat 5e kadar evde.

Man fragt Sie, welcher Tag davor oder danach kommt. Sie brauchen nur *önce* oder *sonra* einzusetzen.

4. Setzen Sie ein

1. Önce cumartesi ____ pazar.
2. Salıdan _____ çarşamba.
3. Perşembeden ____ çarşamba.
4. Pazartesiden ____ salı
5. Pazartesiden ____ pazar
6. Öğleden ___ akşam

Zeitpunkt oder Zeitdauer, *-den/-dan*-Anhängsel oder nicht? Nicht weiter schwierig, wenn Sie außerdem auf die Selbst- und Mitlautharmonien achten.

5. Ordnen Sie zu

1. İki saat _____gelecek.
2. Pazar _____ gelecek.
3. Bu iş _____ bize gidelim.
4. Çarşamba perşembe _____ geliyor.
5. Beş dakika _____ geldi.

a ■ -den önce
b ■ önce
c ■ sonra
d ■ -dan sonra
e ■ -ten sonra

Araba ne zaman kalkacak?

1/36

bilet	Ticket, Fahrschein
araba	Wagen
yer	Platz, Ort
rezervasyon	Reservierung
kişi	Person
gidiş	Hinfahrt
dönüş	Rückfahrt
varış	Ankunft
kalkmak	abfahren, aufstehen
az	wenig

Trabzon'a bilet verir misiniz.	Würden Sie mir bitte ein Ticket nach Trabzon geben.
Maalesef saat on iki arabasında yer kalmadı.	Leider ist im 12 Uhr-Wagen kein Platz mehr.
Fakat rezervasyonum var.	Ich habe aber eine Reservierung.
Öyle mi? Bugün için? Adınız ne?	Ach ja? Für heute? Wie ist Ihr Name?
Adım Peter Hassan.	Mein Name ist Peter Hassan.
Evet Bay Hassan. Kaç kişilik yer?	Ja Herr Hassan. Platz für wie viel Personen?
Bir kişilik.	Für eine Person.
Gidiş dönüş mü?	Hin- und Rückfahrt?
Hayır. Sadece gidiş.	Nein. Nur Hinfahrt.
Peki, buyrun. Bir kişi sekiz milyon beş yüz bin.	In Ordnung, bitte schön. Eine Person, 8 Mio 500000.
Teşekkür ederim. Trabzon'a varış saat kaçta?	Danke. Ankunft in Trabzon um wie viel Uhr?
Yarın saat altıda.	Morgen um 6 Uhr.
Araba ne zaman kalkacak?	Wann fährt der Wagen ab?
Az sonra kalkacak.	Er fährt in Kürze ab.

Anhängselketten

araba-sı-n-da = in seinem Wagen. *-sı* als Teil einer Wesfall-Konstruktion bezieht sich auf 12 Uhr: Dem 12 Uhr (-Bus) sein Wagen. Mit Füllmitlaut n geht auch: *araba-sı-n-a* = zu seinem Wagen, *araba-sı-n-dan* = von seinem Wagen, *araba-sı-n-a kadar* = bis zu seinem Wagen.

kalkacak

Zukunfts-Anhängsel der 3. Person → Wortstamm + -*(y)ecek/-(y)acak*

Gruppe I
söyle + -yecek
er wird sagen

Gruppe II
kalk + -acak
er wird abfahren

***Bugün* (= heute)**

wörtlich: dieser Tag. Nach dem gleichen Muster, aber auseinander geschrieben: *bu sabah* = heute morgen, *bu akşam* = heute abend etc.

Mögliche Antworten auf Fragen nach der Ankunft. Auskunft 4, morgen Abend, lässt sich mit allen Tageszeiten variieren: *yarın sabah* (= morgen Früh) etc.

1. Wann kommen wir an?

1/37

*Trabzon**'a varış saat on beş otuzda.***

1. Trabzon, saat 15.30
2. Ankara, bu sabah saat 7
3. Göreme, bu gece saat 2
4. Van, yarın akşam saat 6.30
5. Erzurum, bu akşam saat 19
6. Bursa, öğleden sonra saat 14

az önce/sonra in 4: wenig + vorher/danach = gerade eben/in Kürze, gleich

2. Welche Erwiderung passt?

1. Trabzon arabasında yer var mı?
   - a ■ Maalesef Trabzon'da yer kalmadı.
   - b ■ Maalesef Trabzon'a yer kalmadı.
2. Gidiş dönüş mü?
   - a ■ Sadece gidiş ne kadar?
   - b ■ Önce dönüş olsun.
3. İstanbul'a varış saat kaçta?
   - a ■ İstanbul'dan kalkacak.
   - b ■ Beş buçukta.
4. İzmir arabası ne zaman kalkacak?
   - a ■ Az önce.
   - b ■ Az sonra.

Wagen Sie sich an die Zukunft, wenn auch vorerst nur in der 3. Person. Kriegen Sie die bisher gelernten Grundformen noch zusammen?

3. Er, sie, es wird ...

*Yarın Ali Nilgün'le görüş**ecek**.*

1. Yarın Ali Nilgün'le – görüşmek
2. Babam benim için bir ev – almak
3. Sevinç abla telefon – etmek
4. Mehmet hangi şirkette – çalışmak
5. Arkadaşın ne iş – yapmak
6. Az sonra telefon kartım – bitmek

Wesfall-Konstruktionen, bei denen die Bezüge durcheinandergeraten sind. Tauschen Sie nur die Folgeworte aus.

4. Kuddelmuddel

*Ulusoy **arabası***

1. Ulusoy pasaportu
2. Cumhuriyet arabası
3. Türk zarfı
4. Cep caddesi
5. Alman Lirası
6. Mektup telefonu

An die besitzanzeigenden Endungen müssen Sie noch *-de/-da, -den/-dan* oder *-e/-a* anhängen. Aufgepasst: Einmal kommt nix dazu, weil nicht besitzanzeigende, sondern Wenfall-Endung.

5. Was passt?

*Saat 21 arabası**nda** yer kalmadı*

1. Saat yirmi bir arabası___ yer kalmadı.
2. Şirketinden evi___ telefon edecek.
3. Kitaplığı___ kitap yok.
4. Ali bey bu işi bürosu___ yapacak.
5. Az önce evden bürosu___ geldi.
6. Şu mavi gömleği ___ deniyebilir miyim?

Trafik canavarı (Verkehrsmonster) wohin man blickt. Auf Straßenschildern und Werbeflächen, in TV-Spots. „Bezähmen Sie es!“ beschwört die *polis* (Polizei). Vergebens. Das Ungeheuer – des türkischen Dr. Jekylls autofahrender Mr. Hyde – fordert fünfmal so viel Verkehrstote wie in Deutschland. Hauptursache: Die Motorisierung verläuft zu rasant. Fröhliche Anarchie auf der Straße – noch in den 70ern ein anerkanntes Mittel zur Hebung des Lebensgefühls – geht mittlerweile nur noch auf die Nerven. Die aber hat im Dauerkollaps der Metropolen längst keiner mehr.

Ali Kurtuluş, ein Student aus der 12-Millionen-Stadt Istanbul, wettert in seiner Zeitung: „Millionen sind dazu verurteilt, mit städtischen Bussen zu fahren. Um nicht zu spät zu kommen, nehmen wir alles hin; sogar, uns in übervolle Busse zu quetschen. Doch wo sind diese? Hoffnungslos überladen, fahren sie einfach vorbei. Oft bleibt mir nichts anderes übrig, als bereits Stunden vor Uni-Beginn das Haus zu verlassen. Außerdem ist der Zustand der Busse nicht selten unter aller Kanone, und das, obwohl etwa alle drei Monate die Fahrpreise erhöht werden. Ordentliche Haltestellen gibt es sowieso nicht. Entweder stehen wir im Regen oder schmoren in der Sonne. Ich kann da nur sagen: So wie es ein Recht auf Nahrung und ein Dach über dem Kopf gibt, muss es auch ein Recht auf Beförderung geben.“

Letzter, wenn auch rasch wieder verworfener Vorschlag des Innenministeriums: Jeder Autofahrer solle angesichts der hohen Unfallquote verpflichtet werden, einen Leichensack mit sich zu führen.

Muffensausen?

Nebenstrecken und Landstraßen sind übrigens halb so schlimm. Dort sollten Sie sich nur nie mit Trucks anlegen. Die fahren bevorzugt in der Fahrbahnmitte. Die Fahrer haben was vom lonesome rider der USA und nicht selten 20 Stunden ohne Schlaf hinter sich. Grundregel: Nicht in der Nacht fahren! Liegengebliebene Fahrzeuge, Fahrbahnschäden oder Baustellen sind, wenn überhaupt, mangelhaft gesichert und tauchen oft aus dem Nichts auf wie übrigens auch Tierherden. Alkohol am Steuer ist grundsätzlich verboten. Höchstgeschwindigkeit 40 km/h innerhalb, 90 km/h außerhalb von Ortschaften. In der Nähe von Städten kontrolliert die *trafik polisi* (Verkehrspolizei), ansonsten die *jandarma* (Gendarmerie), die nach französischem Vorbild eingerichtete Zivilschutztruppe der Armee.

10 Wo steigen Sie aus?

1908 ratterte die erste Lok der Osmanischen Hedschas-Linie mit 40 km/h von Damaskus nach Medina. Nostalgikern sei die Strecke innerhalb der Türkei noch immer empfohlen. Romantisch umweht ist vor allem die über das Taurusgebirge führende, von deutschen Ingenieuren erbaute Teilstrecke der Bagdadbahn. Ansonsten ist die türkische *demir yolu* (Eisenbahn) längst kein Renommierprojekt mehr. Trotz eines Schienennetzes von 8000 km Länge haben Bus und Flugzeug dem *tren* (Zug) den Rang abgelaufen.

istasyon Bahnhof
emanet Gepäckaufbewahrung
bekleme salonu Wartesaal
rötarlı verspätet
yataklı vagon Schlafwagen
restoranlı vagon Speisewagen

Der Speed Limiter hält den Bus konstant bei 90 km/h; auf dem Monitor der neueste Hollywood-Streifen. Peter Hassan räkelt sich im Liegesitz, lässt sich vom *muavin* (Fahrtbegleiter) *kolonya* (Eau de Cologne) auf die Handflächen spritzen und trinkt sorglos Tee um Tee, weiß er doch die Bordtoilette in seiner Nähe. Der Neoplan Starliner 2000, neuestes Modell in der Ulusoy-Flotte, lässt keine Wünsche offen.

Obwohl er für die 1100 km jetzt fast 18 Stunden Fahrt vor sich hat, war die Entscheidung, den Bus zu nehmen, richtig. Schließlich will er etwas sehen vom Land. Selbst die besten Busunternehmen – in puncto Ausstattung, Service, Zuverlässigkeit absolut auf der Höhe der Zeit – sind günstig. Peter Hassan hat knapp 20 Euro bezahlt. Dafür kann er sich mit *servis* (Servicebussen) vom Ticketbüro in der Stadt zum *terminal* (Busbahnhof) bringen lassen und in firmeneigenen *dinlenme tesisi* (Raststätten) speisen. *Burada ne kadar mola veriyorsunuz?* (Wie lange haben Sie hier Aufenthalt?) fragt er jedes Mal, bekommt aber immer dieselbe Auskunft: *Yarım saat.* (Eine halbe Stunde.) Beruhigend auch, dass die Busbahnhöfe Teil eines landesweit verzweigten Netzes sind. Für Anschlussverbindungen ist bis in den hintersten Winkel gesorgt.

Sein Nebenmann im Bus taut schnell auf. Aus der Frage: *Nerede iniyorsunuz?* (Wo steigen Sie aus?) entwickelt sich ein für Peter Hassan aufschlussreiches Gespräch. Noch lieber hätte er freilich mit der attraktiven Dame schräg gegenüber geplaudert. In einem türkischen Bus aber wird er als Fremder immer nur neben einen Mann gesetzt.

1/38

peron .... Bahn-, Bussteig
-lı .... mit (angehängt)
burada........................ hier
yazmak .... schreiben, geschrieben stehen
sigara içilir .... Raucher
sigara içilmez .... Nichtraucher
dört saatta bir .... alle vier Stunden
mola vermek .... Rast einlegen
binmek .... ein-, aufsteigen
şimdi .... jetzt
İyi yolculuklar .... Gute Reise!

Anhängsel: versehen mit

Gruppe I → *-li, -lü*
gömlekli bir bey
ein Herr mit Hemd

Gruppe II → *-lı, -lu*
beş numaralı
mit der Nummer 5

yor-Gegenwart
Stamm + Bindeselbstlaut - *i,-ü,-ı,-u* + *-yor* + sein-Anhängsel

Gruppe I → *-iyor, -üyor*
ver-iyorum ich gebe
ver-iyorsun du gibst
ver-iyor er, sie ,es gibt

Gruppe II → *-ıyor, -uyor*
yaz-ıyoruz wir schreiben
yaz-ıyorsunuz ihr schreibt, Sie schreiben
yaz-ıyorlar sie schreiben

4 saatta bir

Zahl + Zeitbegriff + *-de/-da* + Zahl
dört saat-ta bir
alle 4 Stunden; wörtlich: einmal in 4 Stunden
iki gün-de bir
alle 2 Tage
sene-de bir
einmal im Jahr

Trabzon arabası hangi perondan kalkıyor? .... Von wo fährt der Wagen nach Trabzon ab?
Yirmi beş numaralı perondan. ..... Vom Bussteig Nummer 25.
Yer numaram kaç? .... Was habe ich für eine Platznummer?
Burada yazıyor. Numaranız on sekiz. .... Hier steht es. Sie haben die Nummer 18.
Arabada sigara içilir mi? .... Darf man im Wagen rauchen?
Hayır. Arabada içilmez. Fakat dört saatta bir mola veriyoruz...... Nein, im Wagen darf man nicht rauchen. Aber alle vier Stunden machen wir Rast.
İyi. Ne kadar mola veriyorsunuz? ... Gut. Wie lange halten Sie?
Otuz dakika. .... 30 Minuten.
Güzel. Ne zaman biniyoruz? ...... Schön. Wann steigen wir ein.
Şimdi. İyi yolculuklar. .... Jetzt. Gute Reise!
Teşekkür ederim. .... Danke schön.

Die Bindeselbstlaute bei der *yor*-Gegenwart werden ziemlich schwach gesprochen. Das *r* in *yor* am Ende oder vor Mitlauten wird beim Sprechen fast unterschlagen.

1. Einmal im Jahr ...

Senede bir ***Türkiye'ye gidiyoruz***.

1. gehen wir in die Türkei
2. arbeite ich als Journalist
3. treffen sie sich mit Ayşe
4. schreibst du einen Brief
5. gehen Sie in Ihr Büro
6. ruft sie mich an

Jetzt mal anders herum. Nicht die passende Antwort ist gesucht, sondern die passende Frage. 2 stehen zur Wahl.

2. Welche Frage passt zur Antwort?

1/39

1. Bir saat.
   - a ■ Burada ne kadar mola veriyorsunuz?
   - b ■ Trabzon'a kaç araba çalışıyor?
2. İçilmez.
   - a ■ Saat kaçta biniyoruz?
   - b ■ Arabada sigara olur mu?
3. Burada yazıyor.
   - a ■ Koltuk numaram kaç?
   - b ■ Bursa'ya bilet verir misiniz?

Übung zur *yor*-Gegenwart. Bei 4: *isti-* von istemek. Das in ein *i* umgewandelte *e* am Stammende ersetzt den Bindeselbstlaut.

3. Was fehlt?

*Araba**mız** bozuk. Mola ver**iyoruz**.*

1. Arabamız bozuk. Mola ver_____.
2. Biletin var. Şimdi bin_____.
3. Sibel Peter'le görüş_____.
4. Bunu almak isti_____, fakat param kalmadı.
5. Peter, Ali, Sibel evde yok. Parkta gez_____.
6. Affedersiniz Selma hanım, bu akşam ne yap_____?

Das mit-Anhängsel ist gefragt. Von 3 an wird's im deutschen Kopf knirschen. Bauen Sie die Sätze immer nach Schema F auf: Das Bestimmende vor dem Bestimmten; das gebeugte Zeitwort an den Schluss.

4. Mit ...

*İki hanım**lı** bir bey.*

1. Ein Herr mit 2 Damen.
2. Ein Umschlag mit 3 Briefen.
3. Vom Bahnsteig mit welcher Nummer?
4. Wer ist dieser Freund mit dem blauen Hemd?
5. Einen Platz mit Reservierung gibt es nicht.
6. Mein Portemonnaie mit dem Geld ist zu Hause.

Einmal taucht die Zahl 40 auf. Hier steht sie für „ganz selten", „alle Jubeljahre".

5. Ordnen Sie zu

1. Wie oft gibt es ein Schaltjahr?
2. Wie oft betet der Muslim am Tag?
3. Wie oft wird in der Woche pausiert?
4. Wie oft gönnen Sie sich etwas?

- a ■ Kırk senede bir.
- b ■ Yedi günde bir.
- c ■ Günde beş.
- d ■ Dört senede bir.

B Bu araba Hopa'ya gitmiyor 10

1/40

inmek	aus-, absteigen
kalmak	bleiben
uzak	weit
oraya	dorthin
çünkü	weil
ilk	erste-/r
kere	Mal, -mal
hemen	sofort
ne yapayım?	was soll ich tun?
geç kalmak	spät kommen

Trabzon'da iniyorsunuz, değil mi?	Sie steigen in Trabzon aus, nicht wahr?
Evet. Fakat Trabzon'da kalmıyorum. Hopa'ya gitmek istiyorum.	Ja. Aber ich bleibe nicht in Trabzon. Ich möchte nach Hopa fahren.
Hopa çok uzak. Oraya nasıl gidiyorsunuz?	Hopa ist sehr weit. Wie kommen Sie dort hin?
Bilmiyorum. Trabzon'dan Hopa'ya araba yok mu?	Weiß ich nicht. Gibt es denn keinen Wagen von Trabzon nach Hopa?
Var tabii, fakat neden Trabzon'da bir, iki gün kalmak istemiyorsunuz?	Gibt es schon, aber warum wollen Sie nicht ein, zwei Tage in Trabzon bleiben?
Çünkü Hopa'da işim var.	Weil ich in Hopa zu tun habe.
Olsun. İlk kere geliyorsunuz, değil mi?	Sei's drum. Sie kommen zum ersten Mal, nicht wahr?
Evet.	Ja.
O zaman hemen gitmek olur mu? Trabzon çok güzel.	Ja darf man denn da gleich verschwinden? Trabzon ist sehr schön.
Ne yapayım! Geç kalıyorum.	Was soll ich machen? Ich komme zu spät.

yor-Verneinung

Gruppe I: → Stamm + *-miyor, -müyor*

gel-miyorum ich komme nicht
gel-miyorsun du kommst nicht
gel-miyor er kommt nicht

Gruppe II: → Stamm + *-mıyor, -muyor*

yaz-mıyoruz wir schreiben nicht
yaz-mıyorsunuz Sie schreiben nicht
yaz-mıyorlar ihr schreibt nicht

Hier und dort

burada	hier
buraya	hierhin
buradan	von hier

nach demselben Muster:

şurada	da
orada	dort

Ordnungszahlen

kaçıncı?	der wie vielte?
1.	*birinci*
2.	*ikinci*
3.	*üçüncü*
4.	*dördüncü*
5.	*beşinci*
6.	*altıncı*
7.	*yedinci*
8.	*sekizinci*
9.	*dokuzuncu*
10.	*onuncu*

Beugen und verneinen Sie die hier in der verneinten Grundform angegebenen Zeitwörter. Die Betonung liegt auf der Silbe vor *-mi,-mü,-mı,-mu*

1. ... nicht, weil ...

Görüşmüyoruz çünkü evi çok uzak.

1. Biz: görüşmemek çünkü evi çok uzak
2. Sen: inmemek çünkü orada kalmak istemiyorsun
3. Ben: bunu almamak çünkü param kalmadı
4. O: gelmemek çünkü arabada yer yok
5. Onlar: bu arabaya binmek istememek çünkü şoförü 99 yaşında
6. Siz: bana mektup yazmamak çünkü beni hiç beğenmiyorsunuz

Türkisches Sprichwort: *Sora sora Kabe bulunur* (= Durch vieles Fragen findet man sogar die Kaaba). In der Kabe, dem Heiligtum in Mekka, heben sich alle Fragen auf.

2. Welche Frage passt?

1/41

1. Çünkü geç kalıyorum.
   - a ■ Neden hemen gitmek istiyorsunuz?
   - b ■ Neden paranız yanınızda değil?
2. Trenle.
   - a ■ Ankara'ya nasıl gidiyorsunuz?
   - b ■ Ankara'ya ne zaman gidiyorsunuz?
3. Çünkü sadece 22 peron var.
   - a ■ Neden 23 numaralı perondan kalkmıyorlar?
   - b ■ Neden 21 numaralı perondan kalkmıyorlar?
4. 15 numaralı perona.
   - a ■ Tren ne zaman gelecek?
   - b ■ Tren nereye gelecek?

Wenn Sie die Wochentage in die richtige Reihenfolge gebracht haben, dürfen Sie in 8 noch die *kalite* (= Qualität) deutscher Waren beurteilen.

3. Setzen Sie ein

Pazartesi birinci gündür.

1. Pazartesi ____ gündür.
2. Cuma _____ gündür.
3. Salı _____ gündür.
4. Perşembe ____ gündür.
5. Pazar ________ gündür.
6. Çarşamba _____ gündür.
7. Cumartesi _____ gündür.
8. Alman malı ____ kalitedir.

bura-, *şura-* oder *ora-?* Und mit welcher Endung? Übersetzen Sie den deutschen Teil ins Türkische. Unter Satz 6: *buralardan* = aus der Gegend (Vergleiche *buralarda* S. 53)

4. Hier und dort

Buradan oraya gidiyorum.

1. von hier nach dort – gidiyorum.
2. en güzel ev – ist dort.
3. Von dort – çok yakın
4. hier her – gelelim.
5. Hier – kalmak istemiyorum.
6. hier aus der Gegend – geldi.

Gold und Silber im Überfluss – Heinrich Schliemann, dem Hellenenfreund und Homeromanen, gingen die Augen über. Überzeugt, den Schatz des trojanischen Königs Priamos in Händen zu halten, ließ er ihn heimlich außer Landes schaffen.
Heute, 130 Jahre später, ruht das Raubgut an 8 Orten in 7 Städten der Welt. Eine türkische Stadt ist allerdings nicht darunter. Grund genug für türkische Patrioten, das Gestohlene zurückzufordern. Ähnlich hoch gehen die Emotionen beim Thema Zeusaltar. Der deutsche Ausgräber Carl Humann schaffte ihn im letzten Drittel des 19. Jahrhunderts Stück für Stück von Pergamon nach Berlin. Zwar betont das zum Weltkulturerbe zählende Berliner Pergamon-Museum noch immer die Rechtmäßigkeit der Aktion, doch argumentiert der türkische Staat mit der völlig veränderten Situation. Im Gegensatz zum Osmanischen Reich sei sich die moderne Türkei der Verantwortung für ihr Erbe bewusst und Altertümer gehörten nun einmal an ihren angestammten Platz. Ein Appell nicht nur an die Adresse Berlins, denn die Reste jenes Erbes sind weltweit verstreut. Um die Öffentlichkeit aufzurütteln, greifen die Bürger der betroffenen Regionen zu ungewöhnlichen Mitteln. Bayram Kuzu, Hüne mit Hinkelstein und Obelix-Kluft, organisiert Protestveranstaltungen nach dem Motto: „Die spinnen die Ausländer!“ Und İsmail Kurt, Bildhauer aus Antalya, klapperte im selbstgebauten hethitischen Streitwagen sämtliche Orte ab, mit denen sich türkische Rückforderungen verbinden. Am Ende seines 4000 km währenden Dauerhappenings rollte er zur Jahrtausendwende durchs Brandenburger Tor.

Die Griechen Griechenlands, die *Yunan* (Ionier), sind aus türkischer Sicht etwas anderes als die Griechen in *Anadolu* (Anatolien, Kleinasien). Man nennt sie *Rum* (Oströmer, Rhomäer), sieht in ihnen also nur bedingt Verwandte der Griechen der Antike, auch wenn die Rum der Türkei viel vom Erbe des heidnischen Hellas vermittelt haben. *Demet* (Blumenstrauß, nach: Demeter) ist bis heute ein beliebter Mädchenname; *hergele* (Herkules) bezeichnet im modernen Türkisch einen ungehobelten Kraftprotz und *ganimet* (nach dem von Zeus geraubten Knaben) steht für „Kriegsbeute“.

11 Was kann man hier besichtigen?

***levhalar* Schilder**

yasak	verboten
giriş	Einfahrt
çıkış	Ausfahrt
inşaat	Baustelle
dikkat	Achtung
dur	Halt

dolmuş

Gesammelt werden beim Sammeltaxi Fahrgäste, und zwar so lange, bis die Karre *dolmuş* (gefüllt) ist. Aus- und Einsteigen meist wo's beliebt – entweder per Handzeichen am Straßenrand oder per Zuruf: *inecek var.* (Hier will einer aussteigen!) Die Art der Bewältigung von oftmals unsäglich holprigen Dorfstraßen liegt in des *şoför* und Allahs Händen; Aufkleber à la *Maşallah* (Gottes Segen) ersetzen den TÜV. Die Route selbst aber ist, meist durch ein Schild im Fenster, vorgegeben, wie übrigens auch der *ücret* (Fahrpreis).

Drei Stunden sind es von Trabzon bis Hopa kurz vor der georgischen Grenze. Die Strecke ist kurvenreich und gefährlich. Eine Küstenautobahn, mittelfristig auf vier Spuren angelegt, die jede Stadt, jedes Dorf mit einer Barriere aus Beton vom Meer abschneidet. Fast der gesamte Güterverkehr zwischen Nordost und West wird hier abgewickelt: Tanklaster, *kamyon* (LKWs), zuweilen einer der roten Ikarus-Busse ehemaliger Sowjetbürger.

Peter Hassan fährt zu Beginn mit dem *minibüs* (Kleinbus), der auch schon mal auf offener Strecke hält, um Fährgäste aufzunehmen. Mit dem Komfort ist es jetzt nicht mehr weit her. Ein großer Teil des Gepäcks staut sich im schmalen Gang und *ihtiyaç molası* (Pinkelpausen) oder Teestopps gibt's nur noch an *benzin istasyonu* (Tankstellen). Immerhin hat er es von nun an hauptsächlich mit Ortskundigen zu tun. Auf die Frage: *Buralarda gezilecek yerler var mı?* (Gibt es hier in der Gegend etwas zu besichtigen?) wird er mit Informationen überschüttet. Je weiter sie nach Osten kommen, desto neugieriger wird er. Teeanbau jetzt anstelle von Haselnussplantagen und immer spektakulärer die Blicke auf die wolkenverhangenen Gipfel der ostpontischen Alpen. Von den Almen dort sollen seine Vorfahren herstammen. *Oraya gitmem lazım* (Dort muss ich hin), bedeutet er seufzend einem freundlichen Zeitgenossen. *Galiba bir eşek tutmam lazım.* (Wahrscheinlich muss ich einen Esel mieten.) Zu seiner freudigen Überraschung aber sind mittlerweile fast alle Almen erschlossen. *Lazım değil* (brauchen Sie nicht), lautet die Auskunft, *her yere dolmuşlar gidiyor* (überallhin gibt es Sammeltaxis).

A Buralarda gezilecek yerler var mı? 11

2/1

nereli?	woher stammend?
buralı	von hier stammend
soru	Frage, Problem
gezilecek yer	Ort zum Spazieren, Besichtigen
özellikle	besonders
yayla	Alm
çıkmak	hinaufgehen, herauskommen
buz gibi	wie Eis, eiskalt
su içmek	Wasser trinken
dağ	Berg

Nerelisiniz?	Woher stammen Sie?
Buralıyım.	Ich bin von hier.
O zaman buraları iyi biliyorsunuz.	Dann kennen Sie diese Gegend gut.
Evet. Bir sorunuz var mı?	Ja. Haben Sie eine Frage?
Var. Buralarda gezilecek yerler var mı?	Ja. Gibt es hier in der Gegend sehenswerte Orte?
Çok. Özellikle yaylalarımız çok güzel.	Viele. Besonders unsere Almen sind sehr schön.
Yaylalara çıkılır mı.	Kann man auf die Almen hoch?
Tabii, çıkılır.	Natürlich, man kann da rauf.
Ya yaylalarda? Oralarda neler yapılır?	Und auf den Almen? Was kann man da alles machen?
Oralarda buz gibi su içilir.	Man kann da eiskaltes Wasser trinken.
Dağlara da çıkılır mı?	Kann man auch auf die Berge steigen?
Tabii. Çıkılacak dağlar çok.	Klar. Es gibt viele Berge, auf die man rauf kann.

stammend aus

Gruppe I → *-li, -lü*
Nere-li-siniz?
wörtlich: Woher stammend sind Sie?

Gruppe II → *-lı, -lu*
İstanbul-lu-yum.
wörtlich: Aus Istanbul stammend ich bin.

Passiv der Zukunft

3. Person → Stamm + *-il-, -ülecek/-ıl-, -ulacak*
gez-ilecek bir yer
ein Ort zum Besichtigen
yap-ılacak bir iş
eine Arbeit zum Machen
Selbstlaut an Stammende → *-necek/-nacak*

man

3. Person → Stamm + *-ilir, -ülür/-ı,lır, -ulur*
Oraya nasıl gid-ilir?
Wie kommt man dorthin?
Bu su iç-ilir.
Dieses Wasser kann man trinken.
Bu dağ çık-ılır.
Auf diesen Berg kann man steigen.
Selbstlaut an Stammende → *-nir, -nür/-nır, -nur*
Öyle bir şey söyle-nir.
So etwas kann man sagen.

11 Übungen A

Erklären Sie, woher die nachfolgenden Leutchen stammen. Aufgepasst: Obwohl hier an Eigennamen angehängt wird, kommt kein Apostroph!

1. Woher?

*Berlin**liyim**.*

1. Berlin'den geliyorum.
2. İstanbul'dan geliyoruz.
3. Bursa'dan geliyor.
4. Bingöl'den geliyorsun.
5. İznik'ten geliyorsunuz.
6. Amerika'dan geliyorum.

Wer den gleichnamigen Thriller von Eric Ambler gelesen oder als Film gesehen hat, kann Frage 3 leicht beantworten.

2. Welche Erwiderung passt?

1. Nerelisiniz?
   a ■ Gömlekli bir bey.
   b ■ Antalyalıyım.
2. Bir sorununuz var mı?
   a ■ Hayır. Nerelisiniz?
   b ■ Evet. Nerelisiniz?
3. İstanbul'da gezilecek yer var mı?
   a ■ Tabii. Topkapı Sarayı çok güzel.
   b ■ Tabii. Kolosseum çok güzel.
4. Bu saatta oraya gidilir mi?
   a ■ Hayır, kapalı.
   b ■ Hayır, ucuz.

Bilden Sie das Passiv der Zukunft à la „Berge zum Besteigen". Besonderheit bei 6: Zeitwortstämme auf *-l* → *-in-,- ünecek/-ın-, unacak: alınacak* = zum Kaufen

3. Was gibt es dort?

*Orada çık**ılacak** dağlar var.*

1. Orada dağlar var – çıkmak için
2. Amerika'da Whiskey var – içmek için
3. Paris'te caddeler var – gezmek için
4. Büroda iş var – yapmak için
5. Yanımda bir şey var – bakmak için
6. Orada evler var – almak için

Wen's interessiert: "man" bilden Sie mit der passiven 3. Person der r-Gegenwart, einer Zeitwortform, die ein mögliches Geschehen in der Zukunft ausdrückt.

4. Man

*Bu dağa çık**ılır**.*

1. Diesen Berg kann man besteigen.
2. Dieses Wasser kann man trinken.
3. Hier kann man aussteigen.
4. Dorthin kann man gehen.
5. Diese Arbeit kann man machen.
6. Dieses Haus kann man kaufen.

Sie wollen wissen, wie dieses oder jenes Ziel zu erreichen ist. Merken Sie sich: *benim ile* = mit mir, *seninle* = mit dir, *onunla* = mit ihm, ihr etc.

5. Wie kommt man dorthin?

*Oraya **otobüsle** gidilir mi?*

1. mit dem Bus?
2. mit dem Wagen?
3. mit dem Esel?
4. mit dem Sammeltaxi?
5. mit dem Zug?
6. mit ihr?

B Araba tutmam lazım 11

ya..., ya	entweder ... oder
yaya	zu Fuß
yol	Weg
yaz/yazın	Sommer/im Sommer
her	jede/ -r,-s
taksi	Taxi
durak	Haltestelle
tutmak	halten, mieten, anstellen
lazım	nötig, erforderlich
dolmuş	Sammeltaxi

Yaylaya nasıl gidilir?	Wie gelangt man zur Alm?
Ya yaya, ya arabayla.	Entweder zu Fuß oder mit dem Wagen.
Yollar açık mı?	Sind die Wege frei?
Yazın yollar her zaman açık.	Im Sommer sind die Wege immer frei.
İyi. O zaman taksiyle gidiyorum. Buralarda taksi durağı var mı?	Gut. Dann fahre ich mit dem Taxi. Gibt es hier irgendwo einen Taxistand?
Var tabii. Taksi durağı her yerde var. Neden taksiyle gitmek istiyorsunuz?	Natürlich gibt's den. Die gibt es überall. Warum wollen Sie mit dem Taxi fahren?
Ne yapayım? Oraya gitmek için ya taksi ya araba tutmam lazım.	Was soll ich tun? Um dort hinzugelangen, muss ich entweder ein Taxi oder einen Wagen mieten.
Hayır, lazım değil. Dolmuş da var.	Nein, müssen Sie nicht. Es gibt auch das Sammeltaxi.
Öyle mi? Her gün var mı?	Ach ja? Gibt's das jeden Tag?
Buradan her gün here yere dolmuşlar gidiyor.	Von hier gehen jeden Tag Sammeltaxen überall hin.

her

her zaman
jede Zeit, immer
her yerde
an jedem Ort, überall
her şey
jede Sache, alles
herhangi bir
irgendein

brauchen

Bana para lazım.
Ich brauche Geld.
Ali'ye para lazım değil.
Ali braucht kein neues Auto.
Derjenige, der etwas braucht, steht immer im Wemfall: *-e/-a* -Anhängsel!

müssen

Verkürzte Grundform:
çalışmak → *çalışma* + besitzanzeigendes Anhängsel + *lazım:*

*çalışma-**m** lazım*
ich muss arbeiten
*çalışma-**n** lazım*
du musst ...
*çalışma-**sı** lazım*
er, sie, es muss ...
*çalışma-**mız** lazım*
wir müssen ...
*çalışma-**nız** lazım*
Sie müssen/ihr müsst ...
*çalışma-**ları** lazım*
sie müssen ...

Verneinung: *lazım değil*

Betonen Sie bei derlei Doppelsätzen immer auf der letzten Silbe vor dem Komma.

1. entweder ... oder

Ya bugün, ya yarın gelecek.

1. heute oder morgen
2. 19 Uhr oder 22.30 Uhr
3. zu Fuß oder mit dem Wagen
4. mit mir oder mit ihrem Freund
5. vor Sonntag oder nach Sonntag
6. nach Hause oder zur Haltestelle

In Frage 4, *lazım + mı:* Geht auch als Kurzsatz: *Lazım mı?* (= Ist es erforderlich?)

2. Welche Erwiderung passt?

1. Yazın yollar kapalı mı?
   - a ■ Evet. Yazın yollar kapalı.
   - b ■ Hayır. Yazın yollar açık.
2. Amerika'ya yaya gidilir mi?
   - a ■ Olmaz.
   - b ■ Olur.
3. Dolmuş durağı nerede?
   - a ■ Her zaman var.
   - b ■ Her yerde var.
4. Oraya gitmek için araba lazım mı?
   - a ■ Yaya da olur.
   - b ■ Dollar da olur.

Variante mit persönllichem Fürwort: *Siz araba tutmanız lazım* (= Sie müssen einen Wagen mieten). Ohne *siz* liegt die Betonung auf „Wagen".

3. Was muss man tun?

*Araba tutma**nız** **lazım**.*

1. Siz – araba tutmak
2. O – Türkiye'ye gitmek
3. Biz – güzel bir ev almak
4. Sen – hemen kalkmak
5. Onlar – akşama kadar çalışmak
6. Ben – babama bir mektup yazmak

Hier *lazım* im Sinne von „brauchen". Wer da etwas braucht, verrät einmal mehr die Personalendung des gebeugten Zeitworts.

4. Ich brauche ...

2/4

***Bana** güzel bir ev **lazım**.*

1. Güzel bir ev istiyorum.
2. Genç bir arkadaş istiyor.
3. Çok para istiyorlar.
4. Deli bir meslek istiyorsun.
5. İki kişilik bilet istiyorsunuz.
6. Pahalı bir araba istiyoruz.

Kombinationen mit *her*. Zu 6 *iyisini: iyi* + besitzanzeigendes Anhängsel + Füllmitlaut + Wenfall-Anhängsel. *Of!* = Uff!

5. Was fehlt?

gün – şey – zaman – yerde – saat – hangi

1. Arkadaşlarım için evim her ______ açık.
2. Taksi durağı her _____ yok.
3. Para için her ______ yapılır.
4. Bu otobüs her _____ saat 7de kalkıyor.
5. Ayşe'ye her ____-ta bir telefon ediyor.
6. Her____ bir su içmiyorum. Sadece iyisini.

Das Flusstal verengt sich zu einer Schlucht, die sich zwischen dichten, nebelverhangenen Wäldern hinaufwindet, bis die Asphaltstraße endet und in holprige Pisten übergeht. Von den Pisten zweigen *patika* (Maultierpfade) ab. Bewegliche Kisten, primitiven Seilbahnen gleich, schwanken an langen Kabeln die Bergflanken hinauf, um die hoch gelegenen Gehöfte mit Gütern zu versorgen.

Peter Hassan ist hingerissen. Vor einer Woche erst hatte er ein Exemplar der Zeitschrift ATLAS, des türkischen GEO, in Händen gehalten und sich gewundert: den meisten Raum nahmen Beiträge über Trekking und Bergsteigen ein. Das Geschäft mit *alternatif turizm*, deutschen Verhältnissen nicht unähnlich, blüht. Läden wie *Adrenalin* oder *Doğa* (Natur) bieten die gesamte Palette an *doğa sporları malzemeleri* (Natursportzubehör). Hunderterlei Veranstalter verheißen *temiz hava* (saubere Luft), Thermalquellen und Almwiesen, als hätten sich die jüngeren Türken der Freuden ihrer nomadisierenden Vorfahren besonnen. Tatsächlich wäre vor 30 Jahren noch keiner auf den Gedanken gekommen, den Sommer freiwillig an den heißen Küsten zu verbringen. Der aberwitzige Wunsch, zur Zeit der größten Dürre ein von Moskitos umschwärmtes Haus am Meer, möglichst im Feriendorf, zu besitzen, ein echter West-Import, stellt alle früheren Ideale auf den Kopf. *Oh olsun!* (Geschieht Euch recht!) scheinen sich die Naturfreaks zu denken. Im Zeltlager am Gletschersee oder in Almhütten bemisst sich der Komfort nicht nach den Sternen des Tourismusministeriums, sondern nach den weit zahlreicheren des nächtlichen Himmels.

Zum Jodeln laden mehrere Regionen der Türkei ein. Neben den wald- und wasserreichen ostpontischen Alpen (*Kaçkar* – 3932 m) im Schwarzmeer-Gebiet fasziniert der östliche Taurus mit den Gebirgszügen *Bolkar* (3524 m) und *Aladağlar* (3756 m) sowie die *Cilo-Sat Dağları* (4136 m) in der kurdischen Provinz *Hakkari*. Wer es gemächlicher liebt, kann in den nordägäischen *Kaz Dağları*, dem Ida-Gebirge der homerischen Sagen wandern. Auf Bibelfreunde auf den Spuren Noahs hingegen wartet der *Ararat* (5137 m) an der armenischen Grenze.

12 Am Gang oder am Fenster?

hava limanı	**Flughafen**
işlem yapmak	abfertigen
gümrük	Zoll
kapı	Flugsteig
yedek	Warteliste
geliş	Ankunft
iptal	Stornierung
gidiş	Abflug
gecikmeli	verspätet

Inlandsflüge

Abgesehen vom Chaos der Flughäfen Istanbul und Ankara sind Binnenflüge angenehm (generelles Rauchverbot) und preisgünstig (selbst auf den weitesten Strecken unter 200 DM). Gewöhnungsbedürftig die zahlreichen *emniyet kontrolü* (Sicherheitskontrollen). Die aufgegebenen Gepäckstücke werden neben der Gangway aufgereiht. Dann gilt: eigene Sachen zeigen, kennzeichnen lassen, einsteigen. Sonst fliegt man ohne.

Erzurum – Ankara. Von einem der mehr als zwei Dutzend Regionalflughäfen zur großen hauptstädtischen Drehscheibe. Von *Esenboğa hava limanı* (Flughafen von Ankara) schließlich zurück nach Istanbul. Leicht hat sich Peter Hassan die Entscheidung nicht gemacht. Zu gerne wäre er von Hopa aus mit einem *feribot* (Fährschiff) 2½ Tage lang die Schwarzmeerküste entlanggefahren. Doch fehlt ihm dafür die Zeit. Sibels lasische Verwandtschaft ließ ihn nicht aus den Fängen. Betüttelt und gemästet schaffte er es gerade noch ihnen auszureden, ihn bis Erzurum, fünf Fahrtstunden im Landesinnern, zu begleiten.
Dış hatları (Auslands-)Flüge gibt es – neben Istanbul, Izmir und Ankara – nur noch von den touristischen Hochburgen wie Antalya oder Dalaman aus. Der verschlafen wirkende *Erzurum hava limanı*, typisch für alle Provinzflughäfen, beschränkt sich auf zwei, drei *iç hatları* (Inlands-)Flüge pro Tag. Zwei Verbindungen der staatlichen *Türk Hava Yolları* (Turkish Airlines), eine der privaten Istanbul Airlines. Dennoch verzögert sich aus unerfindlichen Gründen der Abflug. Beim Einchecken ging noch alles glatt. *Koridorda oturmak istiyorum* (Ich möchte am Gang sitzen), wünscht sich Peter Hassan. No problem! Gut auch, dass man den Koffer trotz des Umsteigens in Ankara nach Istanbul durchchecken kann. Dann aber beginnt die nervtötende Warterei. Als es endlich losgeht, ahnen schon alle: *Ankara'da uçağı kaçırdık.* (Unser Flugzeug in Ankara haben wir verpasst.)

A Koridor mu, pencere mi? 12

2/5

uçmak	fliegen
direkt	direkt
oturmak	sitzen
aktarma yapmak	umsteigen
koridor	Gang
pencere	Fenster
bagaj	Gepäck
parça	Teil, Stück
uçak	Flugzeug
zamanında	rechtzeitig

Nereye uçuyorsunuz?	Wohin fliegen Sie?
TK 663'le İstanbul'a uçuyorum. TK 663 direkt gidiyor mu?	Ich fliege mit TK 663 nach Istanbul. Geht TK 663 direkt?
Hayır. TK 663 sadece Ankara'ya uçuyor. Ankara'da aktarma yapmanız lazım.	Nein. TK 663 fliegt nur nach Ankara. In Ankara müssen Sie umsteigen.
Ya bagajım? O direkt İstanbul'a gidiyor mu?	Und mein Gepäck? Geht das direkt nach Istanbul?
Evet. Bagajınız direkt gidiyor. Nerede oturmak istiyorsunuz? Koridor mu, pencere mi?	Ja. Ihr Gepäck geht direkt. Wo wollen Sie sitzen? Gang oder Fenster?
Koridorda oturmak istiyorum. Olur mu?	Ich möchte am Gang sitzen. Geht das?
Olur. Bagajınız var mı?	Das geht. Haben Sie Gepäck?
İki parça. Uçak zamanında kalkıyor mu?	Zwei Teile. Startet das Flugzeug rechtzeitig?
Maalesef geç kalıyoruz.	Leider sind wir spät dran.

TK 663

Vor Flugnummern aller Turkish Airlines Flüge steht stets TK, in der Türkei genannt: *Türk Hava Yolları.*

***yor*-Frageform**

Stamm + Bindeselbstlaut + *– yor + mu-* + sein-Anhängsel.

biliyor/bilmiyor muyum?
weiß ich?/weiß ich nicht?
oturuyor musun?
sitzt du?
yapıyor mu?
macht er, sie?
bekliyor muyuz?
warten wir?
kalkıyor musunuz?
brechen Sie auf?
geç kalıyorlar mı?
sind sie spät dran?

oder

Drückt man auch durch doppeltes Fragepartikelchen aus:

pencere mi, koridor mu?
Fenster oder Gang?
Bügün mü, yarın mı geliyorsun?
Kommst du heute oder morgen?

Sie schielen auf Ihr Ticket und nennen der netten Dame am Schalter Flugziel und -nummer. TK spricht sich: TäKaa.

1. Wohin fliegen Sie?

TK 1723'le Berlin'e uçuyorum.

1. Berlin, TK 1723
2. Antalya, TK 1552
3. Konya, TK 293
4. Trabzon, TK 54
5. Bodrum, TK 286
6. İzmir, TK 1826

Wer a sagt, muss hier nicht unbedingt auch b sagen.

2. Welche Erwiderung passt?

1. Nereye uçuyorsunuz?
   a ■ Uçağımız İstanbul'a gidiyor.
   b ■ Arabamız İstanbul'a gidiyor.
2. TK 729 direkt gidiyor mu?
   a ■ Bir kere aktarma yapmanız lazım.
   b ■ Yaya gitmeniz lazım.
3. Nerede oturmak istiyorsunuz?
   a ■ Almanya'da.
   b ■ Koridorda.
4. Bagajınız var mı?
   a ■ İki kere.
   b ■ İki parça.

Haben Sie klare Vorstellungen im Leben? Dann können Sie es bei den Feststellungen der linken Spalte belassen. Gehören Sie zur Kategorie Zweifler? Dann müssen Sie die Sätze in Frage stellen.

3. Wie lautet die Frage?

*Bütün gün evde oturuyorlar **mı**?*

1. Bütün gün evde oturuyorlar. – ______________________________ ?
2. Bu uçakla uçuyorsunuz. – ______________________________ ?
3. Ankara'da aktarma yapıyorsun. – ______________________________ ?
4. Araba 25 numaralı perondan kalkıyor. – ______________________________ ?
5. Saat ikide Sibel'le görüşüyoruz. – ______________________________ ?
6. Bir kişilik yer istiyorum. – ______________________________ ?

Hat man Ihnen schon mal zugemutet: Ordnung reinbringen! Das abschließende Satzzeichen werden Sie jedoch diesmal vergeblich suchen. Müssen Sie schon selber setzen.

4. Die richtige Reihenfolge

1. Erzurum'dan – uçuyor – TK 663 – Ankara'ya
2. mu – bu – direkt – araba – gidiyor – Trabzon'a
3. otobüsden – pahalı – uçak – daha
4. kalkıyor – TK 1289 – zamanında
5. istiyor – koridorda – musun – oturmak

Ordnen Sie das passende Paar zu. Auch hier wieder wie bei anderen Doppelfragen gilt: Betonung auf der letzten Silbe vor dem Komma.

5. Oder

1. Çalışmak __, oturmak __ güzel?
2. Bugün __ , yarın ___ geliyorsun?
3. TK 633 direkt ___, aktamarlı ___ uçuyor?
4. Erzurum __ , Trabzon ___ daha uzak?

a ■ mü – mı
b ■ mi – mı
c ■ mu – mu
d ■ mı – mı

kapı	Tür, Flugsteig
ne demek?	Was bedeutet das?
kaçırmak	verpassen
altıya çeyrek kala	um Viertel vor sechs
çeyrek	ein Viertel
olmak	werden, sein, geschehen
yarım	halb
bir ... daha	noch ein ...
boş	leer
değiştirmek	ändern, tauschen

İstanbul'a TK 129 hangi kapıdan kalkıyor?	Von welchem Flugsteig startet der Flug TK 129 nach Istanbul?
TK 129 az önce kalktı.	TK 129 ist soeben gestartet.
Eyvah! Ne demek?	Oh je! Was bedeutet das?
Geç kaldınız. Uçağı kaçırdınız.	Sie sind zu spät gekommen. Sie haben das Flugzeug verpasst.
Şimdi ne yapayım? Bu akşam saat altıya ceyrek kala İstanbul'da olmam lazım.	Was soll ich jetzt tun? Ich muss heute abend um Viertel vor sechs in Istanbul sein.
Yarım saat sonra bir uçak daha uçuyor.	Eine halbe Stunde später fliegt noch ein Flugzeug.
Öyle mi? Boş yer var mı?	Wirklich? Gibt es noch freie Plätze?
Var.	Ja.
O zaman biletimi değiştirir misiniz?	Würden Sie dann bitte mein Ticket ändern?
Buyrun, degiştirdim.	Bitte sehr. Ich habe es geändert.

Vergangenheit

Stamm
Einzahl/Mehrzahl
gel +
1. Person *-dim/-dik*
2. Person *-din/-diniz*
3. Person *-di/-diler*

1) Große Vokalharmonie
2) harter Stammauslaut:
-di → *-ti*

demek **bedeuten**

Araba ne demek?
Was bedeutet *araba*?
Araba Wagen demek.
Araba bedeutet Wagen.

Zeit: vor

Stunde + *-e/-a* – Anhängsel + Minuten + *kala*
saat sekize beş kala
um fünf vor acht

halb

ohne Zahl:
yarım kilo = 1/2 Kilo
saat yarım = 0.30 Uhr
nach Zahl:
iki buçuk kilo = 2,5 Kilo,
saat bir buçuk = 1.30 Uhr

Ne demek? können Sie immer fragen, wenn Ihnen das Türkische Rätsel aufgibt. Hier aber sind Sie derjenige, der die Antworten parat hat.

1. Was bedeutet das?

*Uçak **„Flugzeug“ demek**.*

1. uçağı
2. uçak kalktı
3. çeyrek
4. evde olmam lazım
5. uçak kaçırdık
6. bir araba daha var

Bei 3 a, b taucht *dakika* nur zur Verdeutlichung auf. *Normal olarak* können Sie sich es sparen.

2. Welche Erwiderung passt?

2/8

1. İstanbul'a TK 129 saat kaçta kalkıyor?
   a ■ Saat ona yirmi kala.
   b ■ 24 numaralı kapıdan.
2. Zamanında geldik, değil mi?
   a ■ Hayır, geç kaldınız.
   b ■ Evet, geç kaldınız.
3. Saat beşe çeyrek kala ne demek?
   a ■ Beşe 30 dakika kala demek.
   b ■ Beşe 15 dakika kala demek.
4. Bugün bir uçak daha var mı?
   a ■ Var, fakat boş yer kalmadı.
   b ■ Var, fakat boş araba kalmadı.

Sie üben hier die Vergangenheit ein, d.h., die Handlung ist abgeschlossen! Bei der Betonung liegt der Akzent leicht auf den *-di*-Anhängseln.

3. Wie heißt das in der Vergangenheit?

*İzmir'e TK 336 saat kaçta kalk**tı**?*

1. İzmir'e TK 336 saat kaçta kalkıyor?
2. Zamanında geliyorlar.
3. Biletinizi değiştiriyorum.
4. Neden geç kalıyorsun?
5. Burada oturuyorsunuz.
6. Türkiye'ye gidiyoruz.

Spielen Sie alles durch, was Sie zur Zeitangabe gelernt haben. À la Zeitansage nur noch bei 6.

4. Um wie viel Uhr?

saat on dörde yirmi beş kala

1. um 15.35 Uhr
2. um 13.30 Uhr
3. um 8.32 Uhr
4. um 00.30 Uhr
5. um 23.45 Uhr
6. um 19.13 Uhr

Olmak gilt nur bedingt als Grundform des sein-Anhängsels. Eher wird es im Sinne von „werden“ benutzt: *gazeteciyim* (= ich bin Journalist), jedoch: *gazeteci oluyorum* (= ich werde Journalist).

5. Was gehört zusammen?

1. Deliyim.
2. Deli oluyorsun.
3. Yaşlısın.
4. Yaşlı oluyorsun.
5. Deli oluyorum.
6. Yaşlısınız.

a ■ Sie sind alt.
b ■ Du wirst alt.
c ■ Ich bin verrückt
d ■ Ich werde verrückt.
e ■ Du bist alt.
f ■ Du wirst verrückt.

Die Argo, bronzezeitlicher Vorläufer sämtlicher Schiffe der *Türkiye Denizcilik İşletmeleri* (Turkish Maritime Lines), glitt von einem Abenteuer ins andere. Gefräßige Harpyien, männermordende Amazonen. Kapitän Jason und seine Argonauten auf der Suche nach dem legendären Goldenen Vlies! *Axenos* (ungastlich) – so nannten sie das Meer, das ihnen dabei so zu schaffen machte.

Kara (schwarz) heißt es bei den Türken im Gegensatz zum weit freundlicheren *Akdeniz* (Weißes, sprich Mittelmeer) noch immer; auch wenn die Küstenbewohner selbst längst keinen Schrecken mehr verbreiten. Im Gegenteil. Jasons Nachfahren – kauderwelschend und hakennasig – geben eigentlich nur Anlass zu Witzen. Popeye, den weltberühmten Seemann, kennt man in der Türkei nicht umsonst unter dem Namen *Temel*. Denn in der Tat, *Temel reis* (Kapitän Temel), der Prototyp eines Fischers vom Schwarzen Meer, und Popeye sind seelenverwandt. Beider Wesen erklärt sich aus einer geheimnisvollen Kraftquelle; einer Nahrung für Gemüt, Herz und Hirn, bei der allein Letzteres ein wenig zu kurz zu kommen scheint. Popeyes „Spinacia oleracea", dem gemeinen Blattspinat, entspricht Temels *hamsi*, ein bis zu 18 cm großer Fisch, den nur Ignoranten als Anschovis bezeichnen. Der *hamsi* ist nicht einfach ein Fisch, heißt es dazu lapidar in Rize, Temels Hochburg; der *hamsi* ist ein *hamsi*. In der Tat kann man ihn nicht nur auf jegliche Art zubereiten oder gar zu Marmelade verarbeiten; man kann damit auch die Felder düngen und nach der Weise tanzen, wie er sich beim Braten in der Pfanne krümmt.

Tausende von Kilometern Küste – die Türkei ist ein Paradies für Skipper. Stilechte Anreise per *feribot* von Venedig oder Brindisi nach Istanbul oder Izmir, dem wichtigsten *liman* (Hafen) der *Ege* (Ägäis). Buchen Sie entweder eine *gemi turu* (Kreuzfahrt) mit einem *vapur* (Dampfer) oder gleich eine *Mavi yolculuk* (Blaue Reise): Fahrten mit einer gemieteten *yat* (Yacht) entlang der lykischen Küste. Wer indes für eine komfortable *kamara* (Schiffskabine) nichts übrig hat, kann auch direkt zur *iskele* (Anlegestelle) gehen, um einfach mal nur mit einem *balıkçı kayığı* (Fischerboot) hinauszufahren.

T Test 3

Ganz unter uns: Die eigentliche Augenfarbe der Schwarzmeerfrauen ist *ela* (= gelblich-braun), ein Ton, für den es nur im Türkischen eine Bezeichnung gibt.

1. Welche Antwort ist richtig?

1. Eine *saz* kann man ...
   - a ■ an ihren grünen Augen erkennen.
   - b ■ spielen, weil es sich um eine Art Laute handelt.
   - c ■ auf jeden Brief kleben.
2. Wer am *emanet*-Schalter steht, ...
   - a ■ hat eine Beschwerde vorzubringen.
   - b ■ möchte eine Fahrkarte lösen.
   - c ■ verlangt sein Gepäck zurück.
3. Mit Rum ...
   - a ■ sind die Griechen Anatoliens gemeint.
   - b ■ bekleckern sich Türken eher als mit Rakı.
   - c ■ versehene Reisebusse garantieren höchsten Komfort.
4. An der östlichen türkischen Schwarzmeerküste ...
   - a ■ wird hauptsächlich Tee angebaut.
   - b ■ streift das einzige Gnu außerhalb Afrikas umher.
   - c ■ stoßen drei Kontinente aufeinander.
5. Wer im Sammeltaxi *İnecek var* ruft, ...
   - a ■ hat gerade entdeckt, dass ihm die Brieftasche geklaut wurde.
   - b ■ signalisiert, dass jemand aussteigen möchte.
   - c ■ braucht dringend einen Arzt.
6. Schadenfreude drückt man aus durch ...
   - a ■ Silberblicke.
   - b ■ keckernde Schnalzlaute.
   - c ■ den Spruch *Oh olsun*.

Wissen Sie jetzt auch, woher Sibels Vorfahren stammen?

2. Fragen und Antworten

1. İstanbul'a varış saat kaçta?	a ■ Hayır. Yaya da olur.
2. Nerelisiniz?	b ■ Ankara'da aktarma yapmanız lazım
3. Ne kadar mola veriyorsunuz?	c ■ Yirmiye yirmi beş kala.
4. Neden yaylaya çıkmak istemiyorsun?	d ■ Hopalıyım.
5. Oraya gitmek için araba lazım mı?	e ■ Çünkü çok yaşlıyım.
6. Direkt uçuyor mu?	f ■ Kırk beş dakika.

3. Was fehlt?

1. TK 129 ___ önce kalktı.
   a ■ ne
   b ■ az
   c ■ sol
2. Biletimi değiştirir _____?
   a ■ musunuz
   b ■ mısınız
   c ■ misiniz
3. _____ saat sonra bir uçak daha kalkıyor.
   a ■ buçuk
   b ■ yarım
   c ■ yaya
4. Sana para ____ değil.
   a ■ var
   b ■ yok
   c ■ lazım
5. Almanya'da ______ yerler var mı?
   a ■ gezilecek
   b ■ gezilir
   c ■ gezecek
6. Arkadaşınız az önce _____.
   a ■ geldik
   b ■ geldim
   c ■ geldi

Einmal mehr *Simsala-lık* zur substantiellen Vervollständigung Ihres Wortschatzes: *lazım* (= brauchen) + *-lık* → *lazımlık* (= Nachttopf)

4. Wie sagt man das auf Türkisch?

1. Ich bin Deutscher. Ich stamme aus Dortmund.
2. Unseren Bus haben wir verpasst.
3. Es gibt noch zwei (Gepäck-) Stücke.
4. Was soll ich tun? Ich möchte nicht zu spät kommen.
5. Gibt es freie Plätze?
6. In der 13-Uhr-Maschine ist leider kein Platz mehr.

Achten Sie auf den feinen Unterschied: *Alman* ist der Deutsche, *Almanyalı* hingegen der aus Deutschland stammende Türke.

13 Ich habe Lust auf Suppe

In aller Frühe

beyaz peynir
Weißkäse
salatalçık
Gurke
domates
Tomate
reçel
Marmelade
haşlanmış yumurta
hartes Ei
rafadan yumurta
weiches Ei
menemen
Ei mit Tomaten und Käse
işkembe çorbası
Kaldaunensuppe
tavuk suyu çorbası
Hühnerbrühe
yayla çorbası
Joghurtsuppe

Peter Hassans Hinweis macht Sinn: *süt* (Milch) wird heiß und in der Regel gesüßt getrunken.

Morgendämmerung: Vogelgezwitscher, Kienspangeruch. Das Feuer zwischen drei rußgeschwärzten Steinen mit dem Teekessel darauf. Ein jeder ein buntes Kissen unter dem Hintern, im Türkensitz auf der Strohmatte, die große Kupferplatte in der Mitte. Köstlich der Duft der auf einem heißen Blech gebackenen *yufka* (Brotfladen). Dazu: frischer *yoğurt* (Joghurt), *çökelek* (Hüttenkäse), *kaymak* (Rahm), *petek balı* (Honig in der Wabe), ein paar *zeytin* (Oliven). Und dann: zurücklehnen, einen letzten heißen Tee schlürfen, verzückt dem Pickwiwick der Wachteln lauschen.
Auch wenn diese jetzt eher wie Autohupen klingen. Es sind Autohupen. Nicht leicht, dabei noch einmal die Bilder des urigen *kahvaltı* (Frühstück) auf der Alm heraufzubeschwören. Ach ja, zurück in Istanbul. Peter Hassan, die innere Uhr noch nicht umgestellt, stößt einen Seufzer aus. Um fünf schon trieb es ihn hinaus. Gut, dass da die meisten *kahvaltı salonu* (Frühstücksstuben) bereits geöffnet haben. *Kalabalık* (Hektik). Auf den Tischen frisch geschnittenes *ekmek* (Weißbrot), für das eine geringe Pauschale erhoben wird. *Garson* (Kellner), die einem kaum Zeit zum Nachdenken lassen: *Ne arzu edersiniz?* (Was wünschen Sie?) Peter Hassan zählt zuerst das Übliche auf: *tereyağ, bal, peynir ve çay.* (Butter, Honig, Käse und Tee.) Doch dann ändert er seine Meinung, schließlich ist jede Frühstücksstube gleichzeitig eine Suppenküche: *Canım çorba istiyor.* (Ich habe Lust auf Suppe.) Zum Abschluss bestellt er noch eine heiße Milch, betont aber: *şekersiz olsun* (soll ohne Zucker sein).

arzu etmek	wünschen
çeşit	Sorte, Art
kahvaltı	Frühstück
tavsiye etmek	empfehlen
yemek	Essen
taze	frisch
ve	und
lezzetli	wohlschmeckend
tamam	in Ordnung, fertig
çay	Tee

Ne arzu edersiniz?	Was wünschen Sie?
Neler var?	Was gibt es alles?
Her çeşit kahvaltı var.	Jede Art Frühstück.
Ne tavsiye edersiniz?	Was empfehlen Sie?
Bütün yemeklerimiz çok taze ve çok lezzetli.	Alle unsere Speisen sind ganz frisch und schmecken ausgezeichnet.
Peki. O zaman normal bir kahvaltı olsun.	Gut. Dann soll es ein normales Frühstück sein.
Tamam. Ne içersiniz?	In Ordnung. Was trinken Sie?
Çay taze mi?	Ist der Tee frisch aufgebrüht?
Tabii.	Selbstverständlich.
O zaman çay ve su içmek istiyorum.	Dann möchte ich Tee und Wasser trinken.

r-Gegenwart

Ohne *mi-*, dafür mit Fragewort *ne:*
Ne içersin/-iz?
Was trinkst du/trinken Sie?
Ein höfliches „Was wünschen Sie zu ..." klingt darin an.

und (= *ve* oder *ile*)

zwischen Eigenschaftswörtern nur *ve*
taze ve iyi = frisch und gut

zwischen Hauptwörtern *ve* und, stärker verbindend, *ile*
Peter*'le* Ali= Peter und Ali
elma'la armut = Äpfel und Birnen

Essen und trinken

yemek yiyorum – ich esse (Essen)

aber:
su içiyorum – ich trinke Wasser
çorba içiyorum – ich esse Suppe
sigara/puro/pipo/nargile içiyorum – ich rauche Zigarette/Zigarre/Pfeife/Wasserpfeife

Was bemerkt? Festes wird gegessen, Flüssiges auch, Suppe und Rauchwaren werden getrunken.

Einen Happen vor dem ersten Kaffee – so etwa die ursprüngliche Bedeutung von *kahvaltı* (= Frühstück).

1. Was gibt es alles?

***Her çeşit** kahvaltı**mız var**.*

1. her çeşit kahvaltı
2. iki çeşit peynir
3. beş çeşit çorba
4. altı çeşit ekmek
5. dört çeşit reçel
6. üç çeşit yumurta yemeği

Zeigen Sie, dass Sie schon weiter als bis drei zählen können ... Das doppelt gemoppelte *yemek yemek* (= Essen essen) ist ausbaufähig: *öğle/akşam yemeğini yemek* (= zu Mittag/Abend essen). Beim Beugen aufpassen: *e → i: yiyorum*

2. Welche Erwiderung passt?

1. Ne arzu edersiniz?
   - a ■ Kahvaltı etmek istiyorum.
   - b ■ Çok lezzetli.
2. Ne içersiniz?
   - a ■ Süt.
   - b ■ Menemen.
3. Ne yemek yersiniz?
   - a ■ Çorba.
   - b ■ Bir tane rafadan yumurta.

Überlegen Sie, ob *ile* oder das arabische Lehnwort *ve* angemessen ist.

3. Und

*Bu çay taze **ve** iyi.*

1. Bu çay taze + iyi.
2. Arabam + cep telefonum, ikisi de çalışmıyor.
3. Bugün sen + ben gidiyoruz.
4. Postane yakın + açık.
5. Şunu + bunu beğenmiyorum.
6. Bugün güzel + deli bir hanım geldi.

Setzen Sie die fehlenden Begriffe ein, um ein Gespräch im *kahvaltı salonu* zu rekonstruieren.

4. Was fehlt?

misiniz – yer – geldi – tabii – kişilik – arzu – edilecek – güzel

1. Merhaba.
2. Merhaba. 2 kişilik ___ var mı?
3. ____. Buyurun. Ne ____ edersiniz?
4. Tavsiye _____ bir şey var mı?
5. Taze tereyağ ____, balımız da çok ___.
6. Peki. 2 ____tereyağlı, ballı kahvaltı getirir ____.

Essen oder trinken/rauchen? Ergänzen Sie!

5. Was gehört zusammen?

1. Yemekten sonra sigara ... .
2. Güzel bir Havanna ...?
3. Yumurta hiç ... .
4. Bu su ... mi?
5. Teyzem öğle yemeğini ... .

- a ■ içilir
- b ■ yedi
- c ■ içmek istiyorum
- d ■ içer misin
- e ■ yemiyorum

2/11

can	Seele, Sitz der Lebenskraft
çorba	Suppe
sarmısak	Knoblauch
süt	Milch
şeker	Zucker
fazla	übermäßig, mehr
sıcak	heiß
olmasın	soll nicht sein
eksik	fehlend, Mangel
o kadar	nur so viel, nicht mehr, dermaßen

Canınız ne istiyor?	Worauf haben Sie Lust?
Canım çorba istiyor.	Ich habe Lust auf Suppe.
Çorbanız sarmısaklı mı olsun, sarmısaksız mı?	Soll Ihre Suppe mit oder ohne Knoblauch sein?
Sarmısaklı, fakat az olsun.	Mit Knoblauch, aber wenig.
Peki. Ne içersiniz?	Gut. Was möchten Sie trinken?
Canım süt istiyor.	Ich habe Lust auf Milch.
Sütünüzü nasıl içiyorsunuz?	Wie trinken Sie Ihre Milch?
Şekersiz. Fazla sıcak da olmasın.	Ohne Zucker. Soll auch nicht zu heiß sein.
Tamam. Başka eksik var mı?	Alles klar. Fehlt noch etwas?
O kadar. Teşekkür ederim.	Damit hat es sich. Danke.

ohne-Anhängsel

Gruppe I → *-siz, -süz*

şekersiz	ohne Zucker
sütsüz	ohne Milch

Gruppe II → *-sız, -suz*

cansız	ohne Seele: leb-, kraftlos

Lust haben

can- + besitzanzeigende Endung + Objekt der Begierde + *istiyor*

can-ım şarkı söylemek istiyor
(wörtlich:) Seele mein Lied singen möchte

fazla

fazla sıcak	zu heiß
daha fazla	noch mehr
çok fazla	zu viel
iki kilodan fazla	mehr als zwei Kilo

Die Seele als abgrundtiefer Schacht. Schürfen Sie nicht Gold, sondern Lüste! Lustlos nur 3, dort müssen Sie *istiyor* verneinen.

1. Lust auf …

2/12

*Can**ımız** gezmek **istiyor**.*

1. Biz: gezmek
2. Onlar: kahvaltı etmek
3. Sen: bir şey
4. Ben: haşlanmış yumurta
5. O: sarmısaklı ekmek
6. Siz: ne

Kein Druckfehler: *bir-az* (= ein wenig) in Antwort 4b schreibt man tatsächlich zusammen. *Biraz ekmek* (= ein wenig Brot), *biraz pahalı* (= ein wenig teuer) etc.

2. Welche Erwiderung passt?

1. Canın ne istiyor?
   a ■ Canım bir şey istemiyor.
   b ■ Canı sıcak bir çorba istiyor.
2. Çorbanız nasıl olsun?
   a ■ 250 Dolar olsun.
   b ■ Lezzetli olsun.
3. Bir çay daha içer misiniz?
   a ■ O kadar.
   b ■ Olmasın.
4. Başka eksik var mı?
   a ■ Evet, çok lezzetli.
   b ■ Evet, biraz ekmek daha verir misiniz?

„Ohne" ergeben all diese Sätze keinen Sinn. Bringen Sie es zum Ausdruck.

3. Mit oder ohne?

*Su**suz** çorba olmaz.*

1. Sulu çorba olur.
2. Sütlü kaymak olur.
3. Şekerli Tiramisu olur.
4. Lezzetli yemek olur.
5. Kapılı ev olur.

Betrachten Sie dies als Ihr frühmorgendliches „survival kit".

4. Was passt zusammen?

1. Butter
2. Oliven
3. Honig
4. Suppe
5. Brot
6. Käse

a ■ peynir
b ■ bal
c ■ ekmek
d ■ zeytin
e ■ tereyağ
f ■ çorba

Sie haben eine bestimmte Vorstellung, schränken dann aber ein: „Aber zu ... soll es nicht sein."

5. Einschränkungen

*fakat **fazla** sıcak **olmasın***

1. İyi bir çorba sıcak olsun, ...
2. Yakın bir arkadaş deli olsun, ...
3. Büyük bir araba pahalı olsun, ...
4. İyi bir bal şekerli olsun, ...
5. Taksi durağı uzak olsun, ...
6. Güzel bir gömlek renkli olsun, ...

Sie wissen nicht, was „Camelia sinensis" ist? Verwelkt, gerollt, vergoren, getrocknet, sortiert und aufgebrüht ist Ihnen die Pflanze sicher schon einmal begegnet. Vielleicht bewegen Sie sich zu Hause nur unter Kaffeetrinkern – in der Türkei kommen Sie an ihr nicht vorbei. Denn Tee, so des Rätsels Lösung, wird überall gereicht. Aus dem Nichts schwebt er herbei, als stände alle Welt mit irgendeiner *çaycı* (Teeküche) in telepathischer Verbindung.

Türkischen Mokka, etwa doppelt so teuer, können Sie natürlich auch bekommen, auf dreierlei Art: *sade* (ungesüßt), *orta* (mittelsüß) oder *şekerli* (sehr süß). Spendiert, ehrt ein *kahve* nach wie vor mehr als ein Tee, als Träger der Kaffeehauskultur hat er jedoch ausgedient. Nach dem Verlust der arabischen Halbinsel war er den Türken, beim Tee Selbstversorger, schlicht zu teuer geworden. *Kahvehane* (wörtl.: Kaffeehaus), wiewohl längst ein Hort reinen Teegenusses, heißt der öffentliche Versammlungsort der Männer allerdings noch immer, im bewussten Gegensatz zum *çay bahçesi* (Teegarten), der auch den Frauen oder *aile* (Familien) offen steht.

Im Teegarten dampft sonntags nicht selten ein *semaver* (Samowar). Nach türkischer Art Tee trinken heißt nämlich generell: starken Extrakt mit kochendem Wasser nach Belieben mischen. Und so bestellt man ihn auch: *açık* (hell) oder *koyu* (dunkel). Ebenfalls typisch: der enorme Zuckerverbrauch. Östliche Variante: ein großes Stück vom Zuckerhut abbrechen, zwischen die Zähne klemmen und den Tee langsam darüber laufen lassen. Gegen die unausweichliche Zahnfäule hilft dann nur noch: statt Tee *kant* (heißes Wasser mit einem Spritzer *limon*) bestellen.

Teefibel

demlik	Teekanne
demlemek	ziehen lassen
fincan	Tasse
bardak	Glas
süzgeç	Sieb
kaşık	Löffel
limonlu	mit Zitrone
kokulu	parfümiert
torbalı çay	Teebeutel
ıhlamur çayı	Lindenblütentee
elma çayı	Apfeltee
ada çayı	Salbeitee
oralet	heiße Brause

14 Ich habe Hunger

Muhallebici – Puddingladen

su böreği – Nudelpastete mit Käse
pilav – gekochter Reis
keşkül – Milchpudding
aşure – Kaltschale mit Weizen, Nüssen, Dörrobst
tavuk göğsü – Süßspeise aus Reis, Milch und Hühnerbrust
çatal – Gabel
bıçak – Messer
tabak – Teller

büfe – Imbiss

simit – Sesamkringel
kaşarlı tost – Toast mit Hartkäse
sucuklu tost – Toast mit Wurst
lahmacun – dünne Hackfleischpizza
sıkma – frisch gepresste Säfte
portakal suyu – Orangensaft

Osmanisches Fin de siècle: Marmorböden, verspiegelte Wände, Lüster, Arabesken – das *Konak* (hochherrschaftliches Haus) in Istanbuls renommierter *İstiklal*-Straße erinnert an die Zeit, als jene noch *Grande Rue de Pera* hieß. Der zuckrig-dekadente Charme des ganzen Viertels, stilistisch schwankend zwischen italienischer Renaissance und türkischem *Arnuvo* (Art Nouveau), weckt bei Peter Hassan immer wieder dasselbe Verlangen nach klebrigen *tatlı* (Süßspeisen).
Vor allem heute. *Karnım aç mı?* (Habe ich Hunger?), fragt er sich, oder ist er nur nervös, weil er sich zum Mittagessen mit einer wichtigen Person im Zusammenhang mit seiner geplanten Ausstellung verabredet hat? Wie auch immer, für Zwischenmahlzeiten ist das *Konak*, ein typischer *muhallebici* (Puddingladen), goldrichtig. Der *muhallebici* verführt ab 8 Uhr mit *poğaca* (Mürbeteiggebäck) und *börek*-Kreationen (Strudelteigpasteten). Im Laufe des Vormittags kommt eine große Palette an Reis- und Hühnerspeisen hinzu. Namensstiftend jedoch sind raffinierte Kaltschalen. Peter Hassan löffelt genüsslich eine Portion *sütlaç* (Milchreis). Der Kellner grinst; er kennt seinen Stammkunden: *Doydunuz mu?* (Sind Sie satt?) Peter Hassan geht mit sich ins Gericht. Soll er am *büfe* (Straßenimbiss) noch einen Toast essen? Aber nein, *tost most* (Toast und dergleichen) will er nicht. *Henüz doymadım.* (Ich bin noch nicht satt.), grinst er zurück. Verlangend blickt er auf die Vitrine mit der Spezialität schlechthin: *tavuk göğsü* (Hühnerbrust-Pudding).

A Nasıl isterseniz 14

2/13

yeni	neu
erken	früh
karnı aç	hat Hunger
galiba	wahrscheinlich
doğru	richtig
tatlı	süß, Süßspeise
sütlaç	Milchreis
güllaç	Süßspeise aus Reisoblaten
denemek	versuchen
nasıl istersen/-iz	wie du willst/Sie wünschen

Günaydın, nerede kaldınız?	Guten Morgen. Wo waren Sie abgeblieben?
İşim vardı. İstanbul'a yeni geldim.	Ich hatte zu tun. Nach Istanbul bin ich gerade erst gekommen.
Hoş geldiniz. Kahvaltı ettiniz mi?	Willkommen. Haben Sie gefrühstückt?
Evet. Bu sabah erken kalktım. Çorba içtim.	Ja. Ich bin früh aufgestanden heute morgen. Ich habe eine Suppe gegessen.
Çorba iyi miydi?	War die Suppe gut?
İyiydi.	Sie war gut.
Karnınız çok aç değil galiba.	Großen Hunger haben Sie wahrscheinlich keinen.
Doğru. Sadece tatlı istiyorum.	Stimmt. Ich will nur was Süßes.
Bugün güzel güllaç var. Hiç denediniz mi?	Heute gibt's feines güllaç. Haben Sie es schon mal probiert?
Denemedim, fakat canım sütlaç istiyor.	Habe ich nicht. Ich habe aber Lust auf Milchreis.
Nasıl isterseniz.	Wie Sie wünschen.

Hunger haben

karn- + besitzanzeigende Endung + *aç*
Bauch + mein, dein etc. + hungrig
karnım aç Ich habe Hunger

Vergangenheit

Die auf S. 81 gelernten Personalendungen passen nicht nur an Zeitwörter:
vardı/yoktu = gab es/gab es nicht
güzeldi war schön

nach Selbstlaut → *-y-*
iyi-y-dı war gut
burada-y-dık wir waren hier

Verneinung: *değil*

güzel değildi war nicht schön

Verneinung: Zeitwörter

Gruppe I: Stamm + *-me-* + Personalendung
gel-me-dim ich kam nicht

Gruppe II: Stamm + *-ma-* + Personalendung
yap-ma-dın du hast es nicht getan

Streiten Sie alles ab und benennen Sie den Schuldigen. Betonen Sie immer die letzte Silbe des Stammes vor *-me, -ma*.

1. Wer war es?

*Bunu **ben** yap**madım**. Ayşe yap**tı**.*

1. Bunu kim yaptı? Ayşe.
2. Bunu kim yedi? Siz.
3. Şunu kim denedi? Sen.
4. Şunu kim istedi? Şirket.
5. Bunu kim tavsiye etti? Onlar.
6. Burada kim oturdu? Biz.

Achten Sie hier auch noch mal auf die Stellung des Fragepartikelchen *mi*. Bei Zeitwörtern in der Vergangenheit: nach der Personalendung! Bei Eigenschaftswörtern + sein: vor der Personalendung!

2. Welche Erwiderung passt?

1. Kahvaltı ettiniz mi?
   a ■ Evet. Çorba içtim.
   b ■ Evet. Mola verdim.
2. Çorba iyi miydi?
   a ■ Üzgündü.
   b ■ Lezzetliydi.
3. Güllaç hiç denediniz mi?
   a ■ Hiç bozdurmadım.
   b ■ Hiç yemedim.
4. Karnınız aç mı?
   a ■ Değil.
   b ■ Nasıl isterseniz.

Wandeln Sie die *yor*-Gegenwart in der entsprechenden Person in die Vergangenheit um.

3. Wie heißt die Vergangenheitsform?

1. veriyorum → verdim
2. deniyorsun → dene__
3. içiyoruz → iç___
4. değiştirmiyorum → değiştir__
5. gezmiyoruz → gez___
6. gelmiyorsunuz → gel___
7. çıkıyor mu → çık__
8. içiyor musun → iç__

Schon gemerkt? Mit *vardı/yoktu* können Sie auch „haben" in die Vergangenheit setzen.

4. Auf Türkisch

*Pahalı bir araba**m** **vardı**.*

1. Ich hatte ein teures Auto.
2. Sie hatte einen neuen Freund.
3. Wir hatten überhaupt kein Geld.
4. Zu Hause hatte ich kein Telefon.
5. Ihr hattet drei Teile.
6. Zuerst hatte er kein Haus, danach hatte er eins.

Spielarten der „Hunger-haben-Konstruktion". Sie brauchen nur die richtige besitzanzeigende Endung zu finden. Aufgabe 6 kommt ohne *aç* aus; *boş* noch drastischer.

5. Hungrig?

***Karnım** hiç aç değil.*

1. Ben: hiç aç değil
2. Sen: aç mı?
3. O: çok aç galiba.
4. Biz: biraz aç
5. Siz: ne kadar aç?
6. Ben: boş

Henüz doymadım

2/15

doymak	satt werden
gülmek	lachen
henüz	noch nicht
yalnız	allein, bloß
pilav	Reisgericht
artık	mehr
tavuk göğsü	Hühnerbrust
haydi	los, vorwärts
porsiyon	Portion
getirmek	herbringen

Doydunuz mu?	Sind Sie satt?
Gülmeyin. Henüz doymadım.	Lachen Sie nicht. Ich bin noch nicht satt.
Başka ne arzu edersiniz?	Was wünschen Sie noch?
Siz söyleyin. Yalnız, pilav milav olmasın.	Sagen Sie es. Bloß, Reis oder so soll es nicht sein.
Bir sütlaç daha alır mısınız?	Nehmen Sie noch einen Milchreis?
Sütlaç mütlaç da artık istemiyorum.	Auch Milchreis und so mag ich nicht mehr.
Tavuk göğsü de var.	Es gibt auch Hühnerbrust.
Yapmayın. Taze mi?	Was Sie nicht sagen. Frisch?
Tabii.	Selbstverständlich.
Haydi bir porsiyon getirin bakalım.	Also los, dann bringen Sie mir mal eine Portion.
Hemen.	Sofort.

Befehlsform

2. Person Einzahl → Zeitwortstamm
getir(-me) bringe (nicht)
yap(-ma) mache (nicht)

2. Person Mehrzahl

Gruppe I: Stamm + *-(y)in, -(y)ün*
dene- (me-) yin versucht, versuchen Sie (nicht)
gül-ün lacht, lachen Sie

Gruppe II: Stamm + *-(y)ın, -(y)un*
al-ın nehmt, nehmen Sie
alma-yın nehmt nicht

bakalım

Wunschform: wir wollen sehen, mal sehen
nach einer Befehlsform: mal, doch
söyle bakalım nun sag mal

Doppelmoppel

Um ein vages „und dergleichen" auszudrücken, wiederholen Sie das beispielgebende Wort mit einem *m* als Anlaut:
pilav milav Reis und dergleichen
Ali Mali Ali und Konsorten

Fordern Sie auf. Gemildert wird der Befehlston durch den Zusatz *bakalım*.

1. Nun machen Sie mal

2/16

*Bir şey söy**leyin bakalım**.*

1. Bir şey söylemek.
2. Bu tatlıyı denemek.
3. Bir çorba daha getirmek.
4. Uçağınızı kaçırmamak.
5. Yanıma oturmak.
6. Yerinizi değiştirmek.

Der Ausruf *yapmayın*, wie in 3a, drückt Erstaunen aus: Sagen Sie bloß! Ist das möglich?

2. Welche Erwiderung passt?

1. Doydunuz mu?
   a ■ Henüz doymadım.
   b ■ Henüz getirmedim.
2. Bir tatlı daha alır mısın?
   a ■ Pilav milav artık istemiyorum.
   b ■ Sütlaç mütlaç artık istemiyorum.
3. Tavuk göğsü de var.
   a ■ Yapmayın.
   b ■ Tutmayın.
4. Bir porsiyon getirin bakalım.
   a ■ Doğru.
   b ■ Hemen.

Der Möglichkeiten gibt es endlos viele, sofern das 1. Wort nicht auch mit *m* beginnt.

3. Doppelmoppeln

*Ona **para** **m**ara vermiyorum.*

1. Ona para vermiyorum.
2. Normal olarak kahvaltı etmiyorum.
3. Bagajım yok.
4. Orada su içmeyin.
5. Ali tatlı beğenmiyor.
6. Sigara içilir mi?

Alle diese Fragen müssen Sie mit „noch nicht“ verneinen. *Henüz* ohne Verneinung bedeutet übrigens „gerade erst“: *Henüz kalktım* (= Ich bin gerade erst aufgestanden).

4. Noch nicht

***Henüz** al**ma**dım.*

1. Yeni araba aldın mı?
2. Bilet değiştirdin mi?
3. Tavuk göğüsu hiç denedin mi?
4. Taksi tuttun mu?
5. Dağa çıktın mı?
6. Kalktın mı?

Auch *artık* wechselt in bejahten Sätzen die Bedeutung: ***Artık** geldi* (= Sie ist **endlich** gekommen).

5. Nicht mehr

***Artık** almak iste**mi**yorum.*

1. Yeni araba aldın mı?
2. Bilet değiştirdin mi?
3. Tavuk göğsü hiç denedin mi?
4. Taksi tuttun mu?
5. Dağa çıktın mı?
6. Kalktın mı?

Eugène Delacroix, berühmter Maler weiblichen orientalischen Fleisches, irrte. Krankhafte Fettleibigkeit ist im Nahen Osten kein Thema. Mögen auch 40 Millionen US-Amerikaner und bereits 10% aller Europäer darunter leiden, für Türken ist *rejim* (Diät) buchstäblich ein (französisches) Fremdwort. *Tahıl* (Getreide), *meyve* (Obst) und *sebze* (Gemüse) machen immer noch den Hauptanteil in der *türk mutfağı* (türkische Küche) aus; künstliche, angereicherte Lebensmittel fehlen. Selbst der notorische *obur* (Vielfraß), eher *otobur* (Pflanzenfresser) als *etobur* (Fleischfresser), hat angesichts der vielen Vitamine und Ballaststoffe Mühe, seine kurzfristige *kabız* (Verstopfung) in dauerhafte *şişmanlık* (Beleibtheit) umzuwandeln.

Den ersehnten *tons of pleasure*, dem Ideal früherer europäischer Erotomanen, hält der sinnlich veranlagte Türke seit alters das Bild der *fıstık* (Pistazien, Erdnüsse, Pinienkerne) entgegen. Nicht aufgeschwemmt also, nein, nussig, knackig, drall gilt als begehrenswert; eine Vorstellung, die auch in Gerichten wie *kadınbudu* (Frauenschenkel) – köstlichen, bissfesten Frikadellen – plastisch zum Ausdruck kommt. Weicher darf es allenfalls um den *göbek* (Nabel) herum sein. *Göbeklenmek* (einen Nabel ausbilden) meint dick werden im allgemeinen, kommt doch dem Nabel, Blickfang und Namensgeber des Bauchtanzes, die tragende Rolle der sinnlichen Persönlichkeit zu. *Kadıngöbeği* (Frauennabel), rundliche Spritzkuchen mit Marmeladenfüllung, seien dem *çapkın* (erotischen Abenteurer) zur Einstimmung empfohlen.

Grundregel für Müslifraktionäre: Statt in den Bioladen auf den Bauernmarkt. Auch *vejetaryen* (Vegetarier) kommen voll auf ihre Kosten. Sie könnten sich allein vom anatolischen Nationalgericht *bulgur* (Weizenschrot) und vielerlei Hülsenfrüchten ernähren. Wer dennoch auf Nummer Demeter gehen will, sei an *Bünsa* verwiesen; eine Art Kräuter- und Naturkostladen in der Istanbuler *Çicek pasajı*, der berühmten Fressgasse im Stadtviertel *Beyoğlu*.

15 Die Rechnung bitte

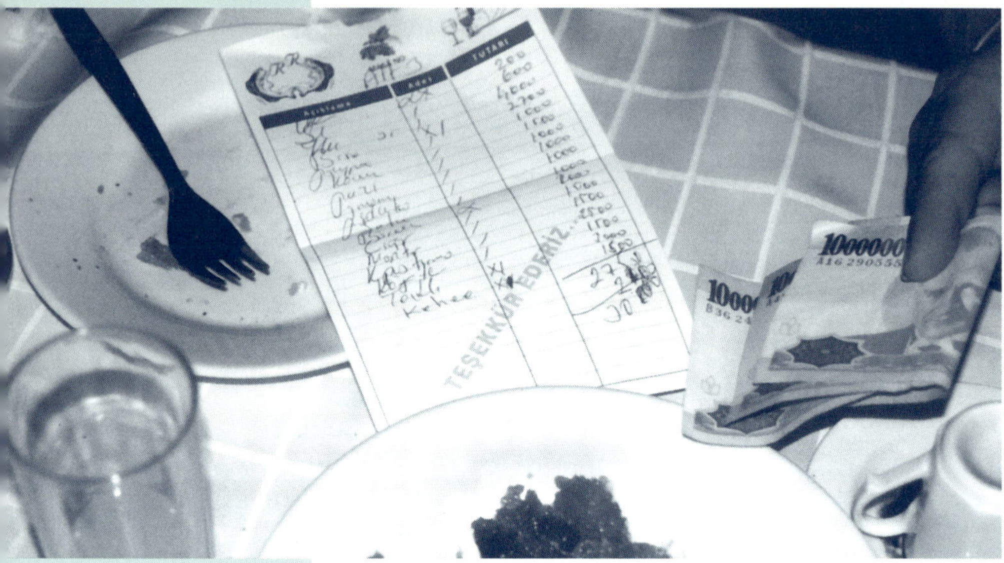

lokanta/kafeterya

türlü – Gemüseeintopf
zeytinyağlı – kaltes Gemüse in Olivenöl
güveç – Tontopfgericht
haşlama – Siedfleisch
kuru fasulye – dicke Bohnen
makarna – Nudeln
salata – Salat
ayran – Joghurtgetränk
maden suyu – Mineralwasser
baklava – Nussstrudel
kadayıf – süße Fadennudeln
hoşaf – Kompott
peçete – Serviette

Spezialiätenlokale

köfteci	Hackfleischgerichte
kebapçı	Grillfleischgerichte
pideci	gefüllter Brotteig im Holzofen
mantıcı	Ravioli

Öğle paydosu (Mittagspause)! Bosse, Angestellte und Beamte der Geschäftsviertel strömen vereint in die *lokanta* (Lokal), um in knapp bemessener Zeit ihre Mahlzeiten hinunterzuschlingen. *Sulu yemek* (wörtlich: Essen mit Soße) ist dann Trumpf. Gemeint sind, besonders für diesen Ansturm vorbereitet, unzählige Eintopfvarianten aus geschnetzeltem Fleisch und frischen Gemüsen, deren berühmteste, die *musakka* (Hackfleisch, Auberginen), längst auch bei uns bekannt ist. Ausländer, des Türkischen nur mangelhaft mächtig, verleiben sich diese zumeist äußerst farbenprächtigen Gerichte am liebsten in der *kafeterya* ein. Grund: In diesem Lokaltyp mit Selbstbedienung sind sämtliche Speisen in Vitrinen und Wärmebehältern zur Schau gestellt. Überschaubar aber auch das Angebot der zahlreichen Spezialitätenlokale. Peter Hassan schwankt lange zwischen *ızgara* (Grill) und *fırın* (Backofen), ehe er sich schließlich für Atmosphäre entscheidet.
Gerade *moda* (in Mode): rustikal eingerichtete Lokale mit *köy mutfağı* (ländliche Küche). *Gözleme* (deftige Kräuterpfannkuchen mit Käse) sind der absolute Renner, und Peter Hassan will seinen Gast, einen *koleksiyoncu* (Sammler) alter Fotos, mit dem besten *gözleme* der Stadt für sein Projekt gewinnen. Nach der dritten Runde – *İki porsiyon daha getirebilir misiniz?* (Können Sie noch zwei Portionen bringen?) – ist der Sammler endlich mürbe. Völlig erschlagen willigt er ein, sein Material zur Verfügung zu stellen. Klar, dass Peter Hassan die Rechnung übernehmen möchte: *Hesap, lütfen* (Die Rechnung, bitte).

2/17

sormak	fragen
gözleme	Pfannkuchen
açılmak	eröffnet werden
eskiden	früher
pide	Brotfladen
harika	super
pişmiş	gekocht
içecek bir şey	etwas zu trinken
susadım	ich bin durstig
lütfen	bitte

Bir şey sorabilir miyim?	Darf ich etwas fragen?
Tabii.	Natürlich.
Bu gözlemeci yeni açıldı mi?	Hat dieses Gözleme-Lokal neu aufgemacht?
Evet. Eskiden burada bir pideci vardı.	Ja. Früher gab es hier ein Pide-Lokal.
Aaa, yemeğiniz harika.	Aaaa, Ihr Essen ist wunderbar.
Teşekkür ederim.	Danke.
İki porsiyon daha alabilir miyiz?	Können wir noch zwei Portionen bekommen?
Tabii.	Selbstverständlich.
Biri iyi pişmiş olsun, biri az pişmiş.	Die eine soll gut, die andere wenig durchgebacken sein.
Peki. Başka ne getirebilirim?	Schön. Was darf ich noch bringen?
İcecek bir şey. Çok susadım.	Etwas zu trinken. Ich bin sehr durstig.
Ne içersiniz? Cola?	Was möchten Sie trinken? Cola?
Hayır. Sadece su, lütfen.	Nein, nur Wasser, bitte.

_ci_-Anhängsel

bildet Begriffe für Berufe, Tätigkeiten etc.

Gruppe I: → *-ci, -cü*
nach harten Mitlauten: *-çi, -çü*

gazete (= Zeitung) →
gazete-ci (= Journalist)
iş (= Arbeit) →
iş-çi (= Arbeiter)

Gruppe II: → *-cı, -cu/-çı, -çu*
kapı (= Tür) →
kapı-cı (= Hausmeister)
kitap (= Buch) →
kitap-çı (= Buchhändler)

dürfen/können-Anhängsel

Stamm + *-(y)ebil, -(y)abil* + *r*-Gegenwart

Gruppe I: *-(y)ebil-*
iç-ebil-irim
ich kann/darf trinken
iç-ebil-irsin
du kannst trinken
iç-ebil-ir
er kann trinken

Gruppe II: *-(y)abil-*
sor-abil-iriz
wir dürfen/können fragen
sor-abil-irsiniz
ihr könnt fragen
sor-abil-irler
sie können fragen

Die Anwendungsmöglichkeiten sind weit gestreut. Was z.B. ist ein Frühaufsteher? Ein *erkenci* natürlich!

1. Was arbeitet sie?

2/18

*Pide**ci olarak çalışıyor**.*

1. Pide yapıyor.
2. Telefon ediyor.
3. Tuvalette çalışıyor.
4. Taksisi var.
5. Posta getiriyor.
6. Dağa çıkıyor.

Zu 3: *pişmiş*, aufs Essen bezogen, bedeutet generell „durch"; ob gebraten, gekocht oder gebacken.

2. Welche Erwiderung passt?

1. Bir şey sorabilir miyim?	a ■ Sorun.
	b ■ Sordun.
2. Burada ne vardı?	a ■ Yeni arkadaşı vardı.
	b ■ Eskiden bir market vardı.
3. Yemeğiniz nasıl olsun?	a ■ İyi pişmiş olsun.
	b ■ Yarın olsun.
4. Çok susadım.	a ■ O zaman sigara iç.
	b ■ O zaman su iç.

Hier ist kein grundsätzliches Können, sondern ein situationsgebundenes gemeint. Fragen Sie immer: Wie?

3. Können

*Sana **nasıl** telefon ed**ebilirim**?*

1. Sana telefon etmek istiyorum.
2. Durağa gitmek istiyorum.
3. Bu çorbayı içmek istiyoruz.
4. Öyle bir yer tavsiye etmek istiyorsunuz.
5. Bu saatta gelmek istiyorsun.
6. Ayşe'ye elli bin Dolar vermek istiyor.

Beim Um-Erlaubnis-fragen einfach *mi-* vor Personalendung schieben und von *-ebil/-abil-ir* abkoppeln.

4. Dürfen

*Bunu yap**abilir miyim**?*

1. Bunu yapmak istiyorum.
2. Bir şey sormak istiyorum.
3. Biraz para almak istiyorum.
4. Bir Cola içmek istiyoruz.
5. Yanınıza oturmak istiyor.
6. Biraz daha kalmak istiyoruz.

Wenn es was zu trinken ist, fangen Sie mit *susadım* an. Momentanen Durst immer mit *susa* + Vergangenheitsendung ausdrücken.

5. Hungrig oder durstig?

***Karnım aç. Canım** gözleme **istiyor**.*

1. gözleme
2. menemen
3. ayran
4. baklava
5. çay
6. börek
7. köfte
8. portakal suyu

afiyet olsun	guten Appetit
hesap	Rechnung
toplam	insgesamt
unutmak	vergessen
ayran	Joghurtgetränk
dahil	inklusive
özür dilemek	sich entschuldigen
hoş	nett, angenehm
gene	wieder
beklemek	warten

Yemeği çok beğendik.	Das Essen hat uns sehr gut geschmeckt.
Afiyet olsun.	Wohl bekomm's.
Hesap, lütfen.	Bitte die Rechnung.
Peki. Bakalım: gözleme, içecek, tatlı … tamam. Toplam sekiz milyon altı yüz elli bin.	Gut. Mal sehen: Pfannkuchen, Getränke Nachspeise … fertig. Macht zusammen 8.650.000.
Doğru değil galiba.	Das scheint mir nicht zu stimmen.
Neden? Bir şey unuttum mu?	Warum? Habe ich etwas vergessen?
Ayran dahil mi?	Ist der Ayran mitgerechnet?
Aaa, özür dilerim. Ayranı unuttum.	Aaa, Verzeihung. Den Ayran habe ich vergessen.
Fark etmez.	Machts nichts.
O zaman toplam dokuz milyon.	Dann macht's zusammen 9.000.000.
Buyurun. Yeriniz çok hoşumuza gitti.	Bitte sehr. Ihr Platz hat uns sehr gut gefallen.
Teşekkür ederiz. Gene bekleriz.	Wir danken. Beehren Sie uns wieder.

Entschuldigung

reuig, bei echter Verfehlung:
özür dilerim
ich bitte um Entschuldigung

Versehen, Einleitung zu einer Bitte:
affedersiniz
Pardon/Gestatten Sie

persönlicher, um Nachsicht bittend:
kusura bakma
nimm es nicht krumm

gefallen

hoş- + besitzanzeigende Endung + *-e/-a*-Anhängsel + *gitmek*
İstanbul hoş-um-a gidiyor
Istanbul gefällt mir
hoş-u-n-a gitmedi
(es) gefiel ihm nicht

Beehren Sie uns wieder

gene bekleriz
Förmliche Floskel in Läden, Lokalen und bei Besuchen

Loben Sie, was das Zeug hält. In den vorgegebenen Sätzen mit, in den Lösungen ohne Wen-Fall-Endungen!

1. Gefällt mir

İstanbul ***hoşuma gidiyor****.*

1. İstanbul'u beğeniyorum.
2. Fatma'yı beğenmedim.
3. Evimizi beğendiniz mi?
4. Şu kitabı beğeniyor musun?
5. Almanya'yı beğenmediler.
6. Her şeyi beğeniyoruz.

Ayran im Sommer: eiskalt und gesalzen.

2. Welche Erwiderung passt?

1. Yemeği çok beğendik.
   - a ■ Küçük olsun.
   - b ■ Afiyet olsun.
2. Hesap lütfen.
   - a ■ Toplam dört buçuk milyon.
   - b ■ İki kişilik yer.
3. Ayranı unuttunuz mu?
   - a ■ Hayır, ayran ucuz.
   - b ■ Hayır, ayran dahil.
4. Özür dilerim.
   - a ■ Fark etmez.
   - b ■ Gene bekleriz.

Dreierlei Arten von Zerknirschung. Pardon: *pardon* gibt's ja auch noch – wie *affedersiniz*.

3. Wie lautet die Entschuldigung?

1. ____, tuvalet nerede?
2. ____, şimdi gitmem lazım.
3. ____, saat kaç?
4. ____, parayı unuttum.
5. ____, daha fazla içmiyorum.
6. ____, sana hiç telefon etmedim.

Addieren Sie mal ein bisschen, als ob Sie der Kellner wären.

4. Wie viel macht es?

Toplam yedi yüz elli bin.

1. çorba 500.000 ... salata 250.000 ...
2. pilav 375.000 ... tatlı 125.000 ...
3. gözleme 750.000 ... içecek 550.000 ...
4. yumurtalı pide bir buçuk milyon ... ayran 350.000 ...

Welche Floskel zu welcher Situation?

5. Was passt zusammen?

1. Her şey çok lezzetliydi.
2. Allaha ısmarladık.
3. Uçağımız kalkıyor.
4. Benim adım Süleyman Demirel.
5. Gidiyoruz.

- a ■ Memnun oldum.
- b ■ Gene bekleriz.
- c ■ Afiyet olsun.
- d ■ Güle güle.
- e ■ İyi yolculuklar.

Wie outet man sich als Deutscher? Ganz einfach: getrennt zahlen! *Alman usulü* (deutsche Methode) nennt man dies in der Türkei, Türken selbst kämen nämlich kaum auf die Idee. Hierarchien sind alles, auch beim Bezahlen. Sie merken es schon daran, dass die Kellner stets auf den mutmaßlichen Gastgeber zusteuern. Dieser trägt alle Verantwortung – mit Lust. Großzügigkeit gegenüber den Gästen, Großzügigkeit beim *bahşiş* (Trinkgeld), das etwa 10 % betragen sollte. Keine Frage, dass Türken sich in dieser Rolle äußerst wohl fühlen.
So richtig *keyifli* (stimmungsvoll, ausgelassen) ist die Runde aber erst, wenn sich auch der Geladene im türkischen Sinne manierlich verhält. Lautes Schneuzen ins Taschentuch? Abscheulich! Offenes Herumstochern in den Zähnen? O Gott! Und beim Bäuerlein: Mit der linken Hand essen? Igitt! (Mit derselben reinigt sich der Muslim das Hinterteil.) Rülpsen dagegen rangiert unter „Ausdruck des Behagens", geht zur Not also in Ordnung. Und wenn Sie *iştahlı* (mit Appetit) essen, also alles leer putzen, ruft dies nicht selten Verzückung hervor. Je größer der Grad ihres Wohlbefindens, desto geschmeichelter darf sich der Gastgeber fühlen. *Afiyet olsun* (wohl bekomm's) wünscht dieser folglich erst zum Schluss, als Erwiderung auf Ihr Dankeschön oder auch auf jenes blumige *elinize sağlık* (möge Ihre Hand gesund bleiben), mit dem sich die Hoffnung verbindet, die Hand, die all jene Köstlichkeiten hervorgebracht hat, möge auch in Zukunft dazu imstande sein.

Sämtliche Lokaltypen, die bisher in diesem Buch erwähnt wurden, haben eines gemeinsam: (über-) eifrige Kellner. Fast scheint es, als lauerten manche geradezu darauf, Ihnen Ihre Bestellung wieder zu entwenden. Zurücklehnen und ein Päuschen machen wird stets als Ende der Mahlzeit interpretiert, vor allem bei Suppe oder Tee – Dingen, die nur richtig heiss Genuss versprechen. Versäumen Sie in diesem Fall also nicht, Ihr Glas oder Ihren Teller festzuhalten.

16 Alle zusammen

Alkohol

Takt ist geboten in einem Land, das das entschiedene Nein! des Islam und das lechzende Ja! eines beträchtlichen Teils der, zumindest männlichen, Bevölkerung unter einen Hut bringen muss. Selbst der hoffnungsloseste Schluckspecht hält sich daran und vermeidet es, in der Öffentlichkeit aufzufallen. Seinen Durst löscht er nur in den entsprechenden Etablissements: den Tavernen, der *birahane* (Bierschwemme) oder dem *gazino* (meist exklusives Restaurant, oft mit musikalischem Programm). In den meisten Dörfern sowie im Bannkreis sämtlicher Moscheen ist selbst der Verkauf von Alkohol im Laden verboten. Auch das benötigt eine besondere Genehmigung.

Ein doppelter Grund zum Feiern: Ausstellungsmaterial beisammen, glückliche Rückkehr von der Reise. *Hepinizi* (euch alle) möchte ich zum Essen einladen – Peter Hassans Rundruf gilt denen, die ihm am meisten geholfen haben. Versteht sich, dass bei diesem Abendessen *içki* (Alkohol) fließen soll.

Alkoholausschank ist an eine Lizenz gebunden. Unter denen, die sie bekommen, steht traditionell die *meyhane* (Kneipe, Taverne), ein Relikt aus Griechentagen, an erster Stelle. Peter Hassan hat das *Yakup II* (Jakob Zwo) ausgesucht, den Idealfall einer *meyhane* als pittoresker Stätte gehaltvoller Gespräche und Getränke. Gut das Publikum, live und schmachtend die *fasıl* (Musikart), göttlich die *meze*. *Meze*, zuweilen mit „Vorspeisen" übersetzt, sind in Wirklichkeit eine Küche für sich. Verwandt den *tapas* Spaniens, umfassen sie einen ganzen Kosmos vornehmlich kalt gegessener Gerichte. *Meze* alleine zu essen, ist das Traurigste, was man sich nur denken kann. Sie schreien geradezu nach Geselligkeit. Was aufgetischt wird, ist für alle da. Je reichlicher, desto besser. Grundregel: mindestens zwei Gerichte mehr als Personen und dann noch – *rakı* (Anisschnaps).

Peter Hassan hat sich daran gehalten, obwohl er lieber *bira* (Bier) vom *fıçı* (Fass) oder *şarap* (Wein) getrunken hätte. Nach drei Stunden müßigen Schmausens und Zechens spürt er die Wirkung. *Daha fazla içemiyorum* (ich kann nicht noch mehr trinken), gesteht er. *Fitil gibi sarhoşum* (ich bin sternhagelvoll), fügt er in Gedanken hinzu, würde es sich aber nach außen nie anmerken lassen.

2/21

hep	alle, immer
beraber	zusammen
rakı	Anisschnaps
birer	je eines
duble	etwa 1/4 l
hayhay	aber gewiss!
meze	Vorspeise
memnun	zufrieden
sağ ol/-un	danke/ – Ihnen

Bakar mısınız.	Würden Sie bitte schauen!
Buyrun?	Bitte?
Hep beraber rakı içmek istiyoruz.	Wir wollen alle zusammen Raki trinken.
Tamam. Hepinize rakı.	Okay. Ihnen allen Raki.
Birer duble, lütfen.	Je einen Doppelten, bitte.
Hayhay. Mezelerden memnun musunuz?	Gewiss. Sind Sie mit den Vorspeisen zufrieden?
Hepsi güzel. Hepimiz çok memnunuz.	Alle sind ausgezeichnet. Wir sind alle sehr zufrieden.
Afiyet olsun.	Wohl bekomm's.
Sağ olun.	Danke Ihnen.

hep

- mit Bezugswort
hep beraber alle zusammen

- ohne Bezugswort
hep geç kalıyor
er kommt immer zu spät

- mit besitzanzeigendem Anhängsel

a) als Satzgegenstand
hep-si bir es ist alles eins
hepsi geldi
alle sind gekommen
hep-imiz sarhoşuz
wir sind alle betrunken
hepiniz güzel
Ihr seid alle schön

b) als Satzergänzung mit Fall-Endung
hep-si-n-i biliyorum
ich weiß alles
hep-iniz-e rakı verdi
er gab euch allen Raki

Einteilungszahlen

Zahl + *-er/-ar*
bir-er je eins
dokuz-ar je neun etc.
nach Selbstlaut: *-şer/-şar*

iki-şer je zwei
altı-şar je sechs

Bauschen Sie die Sätze mit „alle" ein wenig auf. Fall-Anhängsel (*-e, -i, -den*) nicht vergessen.

1. Alle

2/22

***Hepinizi** unutmak istiyorum.*

1. Sizi unutmak istiyorum.
2. Size telefon ettim.
3. Bunu söyledim.
4. Size bir şey getirdim.
5. Sizden memnunuz.
6. Bize bir şey verdi.

bakar mısınız? (= schauen Sie bitte?) ist der klassische Ruf nach: Kellnern, Verkäufern etc.

2. Welche Erwiderung passt?

1. Bakar mısınız?
   - a ■ O kadar.
   - b ■ Buyrun.
2. Hepimize rakı getirin, lütfen.
   - a ■ Haydi.
   - b ■ Hayhay.
3. Hangisi güzel?
   - a ■ Hepsi güzel.
   - b ■ Çok güzel.
4. Hepimiz gidelim mi?
   - a ■ Evet, yalnız ben.
   - b ■ Evet, hep beraber.

Das deutsche „zufrieden mit" ist im Türkischen eher ein „zufrieden von": *den*-Anhängsel noch mal üben.

3. Sind Sie zufrieden?

İşten memnun değilim.

1. İş? Hayır.
2. Her şey? Evet.
3. Arabamız? Hayır.
4. Bu yaz? Evet.
5. Lokanta? Hayır.
6. Şu arkadaş? Evet.

Eine gemeinsame Tour zu zweit. Bilanz?

4. Je

*Üç**er** rakı içtik.*

1. 3 rakı içtik.
2. 2 gözleme yedik.
3. 6 tane kitap aldık.
4. 4 parça verdik.
5. 10 sigara içtik.
6. 7 mektup yazdık.
7. 1 saat mola verdik.
8. 20 Dolar bozdurduk.

Welches Gericht finden Sie wo?

5. Was passt zusammen?

1. tereyağ, bal
2. tavuk göğsü
3. tost
4. sulu yemek
5. meze

- a ■ büfe
- b ■ meyhane
- c ■ kafeterya
- d ■ kahvaltı salonu
- e ■ muhallebici

B Artık içemiyorum 16

2/23

bardak	Glas
bulut	Wolke
gibi	gleich wie
kadar	so viel wie
alışmış	gewohnt
neyse	wie auch immer
bırakmak	lassen, aufgeben
... -ye/-ya çalışmak	versuchen zu ...
hiç bir şey	gar nichts
yorgun	müde

Haydi, bir bardak daha içelim.	Los, wir wollen noch ein Glas trinken.
Artık içemiyorum.	Ich kann nicht mehr trinken.
Neden?	Wieso?
Çok fazla içtim. Bulut gibiyim.	Hab' viel zu viel getrunken. Fühl' mich wie eine Wolke.
Fakat benim kadar içmedin.	So viel wie ich hast du aber nicht getrunken.
Evet, senin kadar içemedim. Senin kadar alışmış değilim.	Ja, so viel wie du konnte ich nicht trinken. Ich bin es nicht so gewohnt wie du.
Neyse. Sigara içer misin?	Wie auch immer. Rauchst du eine Zigarette?
Sağ ol. Sigarayı bırakmaya çalışıyorum.	Danke, ich versuche das Rauchen aufzugeben.
Eyvah, artık hiç bir şey yapamıyorsun.	O je, du bist zu gar nichts mehr imstande.
Evet, çok yorgunum.	Ja, ich bin sehr müde.

nicht können – Gegenwart

Stamm + *-(y)emi, -(y)amı + yor*-Gegenwart

Gruppe I: *-(y)emi-*
iç-emi-yorum
ich kann nicht trinken
iç-emi-yorsun
du kannst nicht ...
iç-emi-yor er kann nicht ...

Gruppe II: *-(y)amı-*
yap-amı-yoruz
wir können nicht machen
yap-amı-yorsunuz
ihr könnt nicht ...
yap-amı-yorlar
sie können nicht ...

gleich wie – so viel wie

Ayşe gibi
wie Ayşe (qualitativ)
Ayşe kadar
wie Ayşe (quantitativ: dick, schnell etc.)

persönliche Fürwörter in Zugehörigkeitsform
kimın kadar wie wer?
benim gibi wie ich

versuchen zu ...

verkürzte Zeitwortgrundform *+ -ye/-ya + çalışmak*
sigarayı birakma-ya çalışıyor
er versucht das Rauchen zu lassen

Man beachte die Wortwahl: *çalışmak!* Heißt doch: etwas versuchen ist mit Arbeit verbunden. Oder?

1. Lasst es uns versuchen

2/24

*Haydi, Türkiye'ye gitme**ye çalışalım**.*

1. Türkiye'ye gitmek
2. sigarayı bırakmak
3. üzgün olmamak
4. yarın erken kalkmak
5. uçağı kaçırmamak
6. dahi iyi olmak

Betrunkene Germanen sind „voll wie Haubitzen"; Türken sind wie „Wolken" oder *fitil* (= Lampendochte). Die saugen sich nämlich auch gerne mit Petroleum voll.

2. Welche Erwiderung passt?

1. Neden sigarayı bıraktın?
   a ■ Çünkü çok pahalı.
   b ■ Çünkü çok hoş.
2. Neden benim kadar içmedin?
   a ■ Çünkü senin kadar güzel değilim.
   b ■ Çünkü senin kadar alışmış değilim.
3. Yapabilir misin?
   a ■ Hayır. Yapabilirim.
   b ■ Hayır. Yapamıyorum.
4. Neden bulut gibisin?
   a ■ Çok fazla rakı içtim.
   b ■ Çok fazla süt içtim.

Üben Sie sich in der Verneinung von können und – Bescheidenheit!

3. Wie lautet die Verneinung?

*Her şey yap**amıyorum**.*

1. Her şey yapabilirim.
2. Her yere gidebilir.
3. İkişer duble rakı içebiliriz.
4. Seni unutabilirim.
5. Sigarayı bırakabilirsiniz.
6. Burada para bozdurabilirsiniz.

Qualität oder Quantität? Wenn Sie *gibi* und *kadar* richtig zuordnen, sind Sie *tilki kadar kurnaz* (= schlau wie ein Fuchs).

4. Was passt zusammen?

1. bulut gibi	a ■ çay
2. Rumpelstilzchen kadar	b ■ bir tatlı
3. Methusalem kadar	c ■ sarhoş
4. Kleopatra kadar	d ■ küçük
5. Türkiye gibi	e ■ yaşlı
6. su gibi	f ■ güzel
7. tavuk göğsü gibi	g ■ bir yer

Falsch! Sich gegenseitig unter den Tisch zu trinken, wäre den alten Türken gar nicht möglich gewesen. Schließlich hatten sie keinen. Alkohol aber sehr wohl: *kımız* (gegorene Stutenmilch), von der sie nie so recht lassen wollten, auch nicht nach ihrem Übertritt zum Islam. Und dann Anatolien, die neue Heimat: Wiege der Kelterei, Stammland des Dionysos, Siedlungsgebiet weinseliger christlicher Völker. Warum sich ausgerechnet hier das Bechern abgewöhnen? Gut 30% der Türken haben es nie getan. Geschmeidige Auslegungen der Religion gestatteten ihnen, am gesellig rituellen Umtrunk festzuhalten. Im Zeitalter der großen Mystiker, vom 11. bis zum 14. Jahrhundert, kam der Rausch gar zu besonderen Ehren. Obwohl die gestrenge Orthodoxie dem später wieder einen Riegel vorschob, blieb die Anfälligkeit der Türken für die inspirierende Kraft der Spirituose stets erhalten.

Das frühe 20. Jahrhundert schließlich entfesselte den Geist in der Flasche aufs Neue. Erste Bars entstanden, weißrussische Flüchtlinge eröffneten Nachtclubs, und mit der Republik trat der Staat sogar als Brauer und Schnapsbrenner auf. *Tekel*, die Monopolgesellschaft, ersinnt bis heute Kuriosa, die kein Mensch trinkt, am Raki aber verdient sie sich dumm und dämlich. Der Raki-Konsum übertrifft den aller anderen Alkoholika, Bier und Wein inklusive, um ein Vielfaches. Über die Ursache kann man nur rätseln: Weil der Prophet nur Gärgetränke, nicht aber Gebranntes verbot? Weil sich Atatürk angeblich außer von *leblebi* (gerösteten Kichererbsen) nur von *rakı* ernährte? Oder gar, weil dieser, wie es heißt, den Mut eines Löwen verleiht?

Bauchtanzender Raki

– Raki-Glas bis zur Hälfte mit eiskaltem Wasser füllen
– Glas leicht neigen und vorsichtig ca. 4 cl Raki hinzugeben
– wiederum eiskaltes Wasser darüber
– unterste und oberste Wasserschicht bleibt klar, mittlere Rakischicht trübt sich weiß (*aslan sütü* alias Löwenmilch) ein
– Rakischicht mit leichten Schaukelbewegungen zum Bauchtanzen bewegen.

Prost! (*Şerefe!* = Auf die Ehre!)

TEST 4

Die größte Herausforderung für einen deutschen Magen ist vermutlich *kokoreç*, ein Gericht aus Hammeldärmen.

1. Welche Antwort ist richtig?

1. In der Türkei beginnt das Frühstück nicht selten mit ...
   a ■ einer Tasse Ovomaltine.
   b ■ einer heißen Suppe.
   c ■ Versicherungen gegenseitiger Hochachtung.
2. *kahvaltı* bezeichnet ursprünglich ...
   a ■ einen hippen Kellner.
   b ■ einen Humpen Met.
   c ■ einen Happen vor dem ersten Kaffee.
3. Wer den Mokka *sade* bestellt, ...
   a ■ legt Wert auf ein Sahnehäubchen.
   b ■ trauert.
   c ■ bekommt ihn ohne Zucker.
4. Unter deutscher Methode versteht man ...
   a ■ kräftiges Händeschütteln.
   b ■ übertriebene Pünktlichkeit.
   c ■ getrenntes Bezahlen.
5. Einem guten Koch wünscht man ...
   a ■ einen klaren Kopf.
   b ■ einen sicheren Blick.
   c ■ eine gesunde Hand.
6. Tekel ...
   a ■ umschreibt das staatliche Monopol auf Alkoholika etc.
   b ■ leitet sich vom deutschen „Dackel" ab.
   c ■ verstarb unter tragischen Umständen.

sağ ol ist ein persönlicheres „Danke" als *teşekkür.*

2. Fragen und Antworten

1.	Kahvenizi nasıl içersiniz?	a ■	Artık rakı içemiyorum.
2.	Hoşunuza gitti mi?	b ■	Pideci.
3.	Bir şey yer misin?	c ■	Orta şekerli.
4.	Doydunuz mu?	d ■	Evet, çok beğendim.
5.	Pide kim yapıyor?	e ■	Sağ ol. Karnım aç değil.
6.	Haydi, şerefe.	f ■	Hayır, daha fazla yemek istiyorum.

3. Was fehlt?

1. Bütün yemeklerimiz çok ___.
   a ■ lazım
   b ■ lütfen
   c ■ lezzetli
2. Güzel bir çay taze ___ sıcak olsun.
   a ■ ile
   b ■ en
   c ■ ve
3. Rakı içmek için ___ lazım.
   a ■ şeker
   b ■ bardak
   c ■ sarmısak
4. Süt___ kahve içilir mi?
   a ■ -li
   b ■ -çü
   c ■ -süz
5. Köfte iyi ___ olsun.
   a ■ alışmış
   b ■ pişmiş
   c ■ mişmaş
6. Yeni şirketim___ çok memnunum.
   a ■ -e
   b ■ -i
   c ■ -den

Knurrt Ihnen bei diesem Stoff nicht der Magen? Türken sagen in diesem Fall: *karnım zil çalıyor* = mein Bauch klingelt

4. Wie sagt man das auf Türkisch?

1. Was empfehlen Sie?
2. Können Sie bitte noch etwas Brot bringen?
3. Heute habe ich Lust auf Tee mit Milch.
4. Haben Sie schon mal Hühnerbrust probiert?
5. Kann ich morgen kommen?
6. Früher habe ich Raki gemocht, jetzt habe ich das Raki-Trinken aufgegeben.

Essgeräusche auf Türkisch: *şap şap* (schmatzend), *höpür höpür* (schlürfend), *kıtır kıtır* (knabbernd)

17 Herz oder Seele?

Picknick

Çoluk çocuk (Kind und Kegel) zieht es am Wochenende ins Grüne. Wählerisch ist man beim Plätzchen: Lauschig muss es sein, und eine *çeşme* (Quelle) muss es haben. Stille hingegen ist eher unerwünscht. Das Picknick beschwört noch einmal den Geist der Nomadenzeit: Trubel, Bodenlager aus Teppichen, Samowar, rauchende Lagerfeuer. *Piknik yeri* (Picknickplätze) mit Brunnen und gefassten Feuerstellen überziehen das ganze Land. Selbst Ausflugslokale stellen oft nur den Rahmen fürs selbstständige Agieren. Motto: *kendin pişir, kendin ye* (koch selbst, iss selbst).

Cim bom bom skandierend, ziehen am Wochenende Zehntausende durch die Straßen. Nicht Haribo-Bärchen sind es, die sie einfordern, sondern Tore. Galatasaray, ihr Fußball-Club, mobilisiert die Massen, gleich den anderen Istanbuler Traditionsvereinen, Beşiktaş und Fenerbahçe, deren Anhänger Siege ihrer Mannschaften nicht minder lautstark bejubeln: mit Hupkonzerten und Böllern – aus scharfen Pistolen! Die Frage: *Hangı takımı tutuyorsun?* (Mit welchem Verein hältst du es?), taugt landesweit ebenso zur Annäherung wie Schönwetter-Gespräche.

Mögen die Herzen der Türken aber auch für den *futbol* schlagen, ihre Seele gehört dem *güreş* (Ringen). Der *başpehlivan* (Meisterringer), ein Volksheld durch und durch, bringt sämtliche Saiten des Anatoliers zum Klingen: Ölglänzend wie ein Mensch der Antike tanzt er, einem Schamanen gleich, zur aufpeitschenden Musik von Trommel und Schalmei, um schließlich den Gegner niederzuringen. Stunden kann so etwas dauern, bis zur völligen Erschöpfung. Unentschieden oder Siege nach Punkten sind in der türkischen Mentalität nicht vorgesehen.

In der Hinsicht hat sich Peter Hassan von seinen Vorfahren doch etwas entfernt. Er selbst hält es am *hafta sonu* (Wochenende) mehr mit der dritten großen Leidenschaft der Türken, dem *piknik* (Picknick). Nur schade, dass ihn noch keiner eingeladen hat. Widerwillig büffelt er Türkisch, bis es dann doch an der Tür klopft. *Haydi, denize gidelim* (Los, lass uns ans Meer fahren), fordert ihn Sibel auf. Picknick am *plaj* (Strand)? Auch nicht schlecht. *İnşallah* (hoffentlich) merkt sie nicht, was für ein lausiger Schwimmer er ist.

A Boş ver 17

2/25

zaman	Zeit
meşgul	beschäftigt, besetzt
Türkçe	Türkisch
ders	Unterricht
bence	meiner Meinung nach
boş ver	mach dir nichts draus, pfeif drauf!
dışarı	heraus, hinaus
hava	Wetter, Luft
içeri	herein, hinein
deniz	Meer

Zamanın var mı?	Hast du Zeit?
Biraz meşgulum.	Ich bin ein bisschen beschäftigt.
Neyle meşgulsun?	Womit bist du beschäftigt?
Türkçeyle. Derse çalışıyorum.	Mit Türkisch. Ich lerne für den Unterricht.
Neden? Türkçen çok iyi.	Weshalb? Dein Türkisch ist sehr gut.
Öyle mi? Bence öyle değil.	Wirklich? Meiner Meinung nach ist das nicht so.
Boş ver, dışarıya bak. Hava güzel.	Egal, schau nach draußen. Das Wetter ist schön.
Ne söylemeye çalışıyorsun?	Was versuchst du zu sagen?
İçerde kalma. Denize gidelim.	Bleib nicht drinnen. Lass uns ans Meer gehen.

Sprachen-Anhängsel

Volk + *-ce/-ca* (nach harten Mitlauten: -çe/-ça)
Türk (= Türke) + *-çe* → *Türkçe* (= Türkisch)
Alman-ca (= Deutsch)
İngiliz-ce (= Englisch)
Fransız-ca (= Französisch)
Arap-ça (= Arabisch)

womit

ne + ile → *neyle* (= womit)

drinnen – draußen

içeri, içer-de/-den, içeri-ye drinnen/von drinnen/nach innen, hinein
dışarı/-da/-dan/-ya draußen/von – hinaus

Etliche Gründe, keine Zeit zu haben: *ders + -e* (Unterricht + für) + *çalıflmak* (arbeiten) = Lernstoff büffeln

1. Keine Zeit

2/26

*Zaman**ım yok**, derse çalışıyorum.*

1. derse çalışıyorum
2. Ayşe'yi bekliyoruz
3. yemek yiyor
4. denize gidiyorum
5. çok meşgulsunuz
6. bir saat sonra uçağın kalkacak

meşgul – besetzt und beschäftigt
boş – leer, aber auch: frei

2. Welche Erwiderung passt?

1. Bu akşam meşgul musun?
   a ■ Boşum.
   b ■ Hoşum.
2. Tuvalet meşgul mu?
   a ■ Hoş.
   b ■ Boş.
3. Neyle meşgulsunuz?
   a ■ Almancası
   b ■ Almanca ile
4. Hangi derse çalışıyorsunuz?
   a ■ Türkçe'ye
   b ■ Türkçe ile

bilmek bedeutet „wissen" und „können" zugleich; Tarzans Sprache steht für „holpriges Türkisch".

3. Wer kann was?

*İngiliz, İngiliz**ce** biliyor.*

1. İngiliz
2. Türk
3. Alman
4. Fransız
5. Arap
6. Tarzan

Drinnen oder draußen? Finden Sie die richtige Form.

4. Ergänzen Sie

*İç**erde** oturalım.*

1. Dışarıda fazla sıcak. İç-___ oturalım.
2. Kapıda kalma. İç-____ gel.
3. Dış-___ bak. Hava çok güzel.
4. Şunu dış-___ içeriye getirin.
5. Dış-___ yer yok. İçerde iyelim.
6. Hep evde oturuyor. İç-___ hiç çıkmıyor.

Ihrer Meinung nach *doğru* oder *doğru değil?*

5. Richtig oder falsch?

*Bence **doğru**.*

1. Rakı hep beraber içilir.
2. Boş ver „pfeif drauf" demek.
3. Her yaylada bir deniz var.
4. Bütün İngilizler Arapça biliyor.
5. Fransa Belçika'dan büyük.
6. Almanya'da postane saat beşte açılıyor.

2/27

girmek	hineingehen
koşmak	rennen
-arak	indem (angehängt)
yavaş	langsam
taş	Stein
sivri	spitz
aman	meine Güte, mein Gott!
yüzmek	schwimmen
inşallah	hoffentlich
bunun için	deshalb, deswegen

Bekle. Suya beraber girelim.	Warte. Wir wollen zusammen ins Wasser.
Tamam. Haydi, koşarak girelim.	Okay. Los, lass uns rein rennen.
Yavaş yavaş.	Immer langsam.
Neden? Koşmayı bilmiyor musun?	Warum? Kannst du nicht rennen?
Biliyorum da, taşlar – ay – biraz sivri.	Kann ich schon, aber die Steine – autsch – sind ein bisschen spitz.
Aman. Yüzmeyi biliyorsun inşallah.	Mein Gott! Schwimmen kannst du hoffentlich.
Senin kadar iyi bilmiyorum.	So gut wie du kann ich es nicht.
Ha, bunun için.	Aha, deswegen.

indem-Anhängsel

Zeitwortstamm + *-(y)erek/ -(y)arak* + Zeitwort
*koş-**arak** geldik*
wir sind **rennend** gekommen
*çok çalış-**arak** paramız oldu*
wir wurden reich, **indem wir** viel **arbeiteten**
*bunu bilme-**yerek** yaptım*
das habe ich **unwissentlich** getan

können

-ebil/-abil → situationsgebunden
bilmek → grundsätzlich
verkürzte Grundform + *-yi/ -yı + bilmek*
yüzme-yi biliyor
er kann schwimmen

Umstandswort durch Verdopplung

***yavaş yavaş** gitti*
er ging **in aller Ruhe**
***zaman zaman** geliyor*
kommt **von Zeit zu Zeit**

Bestimmen Sie die Art und Weise, *kafa yorarak* (indem Sie Ihren Grips anstrengen).

1. Wie machten wir das?

2/28

*Telefon ed**erek** görüştük.*

1. telefon ettik, görüştük
2. koştuk, suya girdik
3. yüzdük, eve geldik
4. rakı içtik, sarhoş olduk
5. kitap okuduk, bekledik
6. Şunu istemedik, aldık

İnşallah heißt eigentlich „So Gott will!" ER ist der Boss.

2. Welche Erwiderung passt?

1. Denize girelim mi?
   a ■ Hayır, yazmayı bilmiyorum.
   b ■ Hayır, yüzmeyi bilmiyorum.
2. Ali evde mi?
   a ■ Nasıl isterseniz.
   b ■ İnşallah.
3. Haydi, koş.
   a ■ Yavaş yavaş.
   b ■ Yeşil yeşil.
4. Yemek iyi değildi.
   a ■ Bunun için yemedim.
   b ■ Bence o kadar.

Mustafa, das Sorgenkind. Unglaublich, was der alles nicht kann.

3. Dazu nicht imstande sein

*Mustafa, **özür dilemeyi bilmiyo**r.*

1. özür dilemek
2. soru sormak
3. yalnız tuvalete gitmek
4. denizde yüzmek
5. derse çalışmak
6. zamanında gelmek

Lassen Sie die Sätze mit der rechten Spalte anfangen. Mit „als" übersetzen: *ol-arak.*

4. Wie schafft man was?

1. Türkiye'ye gidebilirsin.
2. doyabilirsin.
3. sarhoş olabilirsin.
4. yaylaya çıkabilirsin.
5. Der Spiegel'de çalışabilirsin.
6. Ayşe'yi unutabilirsin.

a ■ Boş ver söyleyerek
b ■ Gazeteci olarak
c ■ Uçağa binerek
d ■ Çok yemek yiyerek
e ■ Beş bardak şarap içerek
f ■ Taksi tutarak

Auf Türkisch: *Tersi nedir?*

5. Wie lautet das Gegenteil?

1. içerde
2. çünkü
3. meşgul
4. çıkmak

a ■ girmek
b ■ dışarıda
c ■ bunun için
d ■ boş

Schätzen Sie den Rigoletto der Staatsoper Baschkiriens? Haben Sie ein Faible für indisch-osmanische Kunstmusik? Wollten Sie schon immer mal mit tanzenden Derwischen in Ekstase geraten? Nun – in der Türkei kann Ihnen da geholfen werden. Das kulturelle Leben pulsiert. Lebendig die Literatur (Orhan Pamuk, Murathan Mungan), vielseitig der Film (das Festival von Antalya verleiht alljährlich eine Goldene Orange), engagiert die Bühnen (so Genco Erkals *Dostlar Tiyatrosu*). Phasen staatlicher Repression tun dem keinen Abbruch. Im Gegenteil. Künstler von Rang betrachten polizeiliche Übergriffe geradezu als Auszeichnung. Sprachunkundigen Türkei-Besuchern stehen Konzerte (Klassik, osmanische *sanat müziği*, *Türk Pop, arabesk* genannte Schlager), Kinos (nichttürkische Filme im Original mit Untertiteln) oder Galerien offen. Im Sommer, zur Festspielzeit, kommt die ganze Palette an Weltkultur hinzu. Selbst kulturell übersättigte Westler geraten dabei ins Schwärmen. Nicht der Biennale oder gar der Internationalen Filmfestspiele wegen – die hat man auch zu Hause. Absolut einmalig aber ist Mozarts Entführung aus dem Serail vor der Original-Kulisse. Und nach einer Medea im antiken Theater von Ephesos kündigt man glatt das Theater-Abo in Castrop Rauxel.
Zum Schluss aber noch die traurige Nachricht: Dies alles gilt nur für die Metropolen, vornehmlich im Westen der Türkei. Ansonsten ist tote Hose.

Sanat ve kültür
Kunst und Kultur

sinema	Kino
filim	Film
seans	Vorstellung
opera	Oper
bale	Ballett
tiyatro	Theater
piyes	Stück
konser	Konzert
halk müziği	Volksmusik
sanat müziği	Kunstmusik
caz	Jazz
sergi	Ausstellung
müze	Museum

18 Der Ruf des Muezzin

Fromme Wünsche

Kolay gelsin.
Frohes Schaffen!
... kutlu olsun
Alles Gute zum ...
Geçmiş olsun.
Gute Besserung!
Allah rahatlık versin.
Angenehme Nachtruhe.
Sıhhatlar olsun.
Wohl bekomm's. (nach Bad etc.)
Sağlık olsun.
Hauptsache gesund. (nach Missgeschick)
Başınız sağ olsun.
Beileid!
Allah bağışlasın.
Gott möge es erhalten. (Geburt)
Allah mesut etsin.
Gott schenke Glück. (Trauung)

23. September, Tag der Heiligen Thekla. Vater Efrem, Geistlicher der Sankt-Georgs-Kirche auf Büyükada, teilt gesegnetes Brot aus – ach ja, zu 90% an Muslime, auch wenn Thekla, Heilkundige aus der Gefolgschaft des Apostels Paulus, eine christliche Heilige ist. Paulus, Südanatolier wie Thekla oder *Noel baba* (Nikolaus), der Bischof von Myra, lernte die ersten Christen in Antiochia, dem modernen Antakya, kennen. Kein Wunder, dass sich dort bis heute Glockengeläut unter den Ruf der Muezzine mischt. Kein Wunder auch, dass *Meryem ana,* die Mutter Gottes, bei Ephesos bestattet sein soll. Die Erfolgsstory des frühen Christentums ist nun einmal untrennbar mit Anatolien verbunden. *İncil*, das Neue Testament, genießt unter Muslimen größte Verehrung; *Hazreti-i İsa* (Seine Heiligkeit Jesus Christus) steht im Rang eines Propheten. So hat der türkische Staatspräsident keine Mühe, den türkischen Staatsbürgern christlichen Glaubens regelmäßig *Noel bayramınız kutlu olsun* (Frohe Weihnachten) zu wünschen.
Peter Hassan sind diese Gemeinsamkeiten natürlich bekannt. Ehe er wieder abreist, möchte er deshalb unbedingt noch die *Ayasofya* (Hagia Sophia) besuchen. Atatürk war sich des Symbolwertes dieses gewaltigen Gotteshauses bewusst. Erst wichtigste *kilise* (Kirche) der Christenheit, dann Hauptmoschee des Islam, wurde sie in der Republik in ein Museum umgewandelt. Ein diplomatischer Geniestreich, findet Peter Hassan. Der *hoca* (Geistlicher), mit dem er beim Rundgang ins Gespräch kommt, ist derselben Ansicht. Ganz unverkrampft können sie sich über *din* (Religion) austauschen.

2/29

oruç	Fasten
Müslüman	Muslim
tutmak	(ein-)halten
Hıristiyan	Christ
bazen	manchmal
et	Fleisch
temiz	sauber, anständig
papaz	Priester
evlenmek	heiraten
kolay	leicht

İslam'da oruç var mı?	Gibt's beim Islam Fasten?
Tabii. Müslüman oruç tutsun.	Klar. Der Muslim soll fasten.
Bizde de var. Hıristiyan bazen et yemesin.	Gibt's auch bei uns. Ein Christ soll manchmal kein Fleisch essen.
Öyle mi? Başka ne yapsın?	Wirklich? Was soll er noch tun?
Ne bileyim. İyi olsun, temiz olsun.	Was weiß ich? Er soll gut sein, anständig soll er sein.
Ya ne yapmasın?	Und was soll er nicht tun?
Papaz evlenmesin.	Ein Priester soll nicht heiraten.
Eyvah. Kolay gelsin.	O Schreck. Möge es ihm leicht fallen.

Wunsch-Anhängsel

1. Person
erklärt Absicht
Einzahl: *-(y)eyim/-(y)ayım*
Mehrzahl: Stamm + *-(y)elim*
çay getir-eyim
ich bringe mal Tee
sor-ayım
ich will mich mal umhören
Fragend: meist „sollen"
*Getir-**eyim mi**?*
Soll ich bringen?
*Sor-**ayım mı**?*
Soll ich mich umhören?

3. Person Einzahl:
Stamm + *-sin/-sün/-sın/-sun*
als Befehl
*gel-**sin*** er **soll** kommen
*öp-**sün*** sie **soll** küssen
als Wunsch
*kal-**sın***
möge es so bleiben/nicht so wichtig
*afiyet ol-**sun***
möge es bekommen
Mehrzahl: *-sinler etc.*

Aussprache:
-eyim (wie kurzes i) *-im*
-ayım wie (langes i) *-iim*

1. Was soll ich tun?

*Ne yapayım? Derse çalış**ayım mı**?*

1. derse çalışmak
2. bir çay daha içmek
3. oruç tutmak
4. Sibel ile evlenmek
5. suya girmek
6. biraz daha beklemek

Zu 2: *Ya* im Sinne von „und" nur am Beginn eines Fragesatzes.

2. Welche Erwiderung passt?

1. Hıristiyanlar oruç tutuyor mu?
   a ■ Bazen.
   b ■ Hayır.
2. Ya papaz, ne yapmasın?
   a ■ Rakı içmesin.
   b ■ Evlenmesin.
3. Et getireyim mi?
   a ■ Evet, biraz daha yiyeyim.
   b ■ Evet, biraz daha içeyim.
4. Çok çalışıyorum.
   a ■ Kolay gelsin.
   b ■ Afiyet olsun.

Sechs Akteure, die etwas mögen (*sevmek* = lieben, mögen) oder nicht mögen. Ali z.B. soll heiraten: *Evlensin.* Und die anderen? Wählen Sie das Zeitwort und geben Sie es in der Wunschform wieder.

3. Wählen Sie das passende Wort

bırakmak – yemek – evlenmek – içmek – girmek – okumak

1. Ali Selmaıyı çok seviyor.
2. Sibel denizde yüzmeyi seviyor.
3. Peter bu kitabı seviyor.
4. Buddha et sevmiyor.
5. Mehmet artık sigara sevmiyor.
6. Turgut çorba seviyor.

Ehe Sie zum Zuspruch schreiten: *gitmek* steht auch für „aus der Welt scheiden", *bozuk* für „verdorben".

4. Das rechte Wort zur rechten Zeit

1. Selma ile evleniyorum.
2. Çok yorgunum.
3. Uçak kaçırdım.
4. Yeni bir ev yapıyorum.
5. En iyi arkadaşım rakıdan gitti.
6. Bak, çok temiz oldum.
7. Bugün bayram, „Feiertag" demek.
8. Karnım bozuk.

a ■ Bayramınız kutlu olsun.
b ■ Sıhhatlar olsun.
c ■ Allah mesut etsin.
d ■ Geçmiş olsun.
e ■ Allah rahatlık versin.
f ■ Sağlık olsun.
g ■ Başınız sağ olsun.
h ■ Kolay gelsin.

Wenn nicht, dann *bizde yok*.

5. Gibt's das auch in Deutschland?

Bizde de var.

1. Türkiye'de deniz var.
2. Türkiye'de müslümanlar var.
3. Türkiye'de Trabzon var.
4. Türkiye'de Türk Lirası var.
5. Türkiye'de Hıristiyanlar var.
6. Türkiye'de Kaçkar dağları var.

2/31

boncuk	Glasperle
takmak	anbringen, befestigen
nazar	böser Blick
değmek	berühren
diye	sagend
hoca	Lehrer, Geistlicher
mesela	zum Beispiel
uğur	Omen
ilginç	interessant
öğrenmek	lernen, erfahren

Neden mavi boncuk takıyorsunuz?	Warum stecken Sie sich blaue Perlen an?
Nazar değmesin diye. Sizde öyle bir şey yok mu?	Damit der böse Blick nicht trifft. Gibt es bei euch so etwas nicht?
Var, hocam.	Gibt es, Hochwürden.
Mesela?	Zum Beispiel?
„Talisman" diye bir şey takıyoruz.	Wir stecken uns etwas namens Talisman an.
Ne diye?	Weswegen?
İşte.	So eben.
İşte mişte diye bir şey yok.	So was wie „so eben" gibt es nicht.
Uğurlu olsun diye.	Als Glücksbringer.
Çok ilginç. Bunu öğrenmek için ... Almanya'ya gitmem lazım.	Sehr interessant. Um dies herauszufinden, muss ich mal nach Deutschland reisen.

4 mal *diye*

damit, um zu:

Wunschform + *diye*
*Türkçe öğren**eyim diye** Türkiye'ye gittim.*
Um Türkisch **zu** lernen, ging ich in die Türkei.
*Hemen gelsin **diye** telefon ettik.*
Wir telefonierten, **damit** er gleich kommt.

weil:

*Hava sıcak **diye** denize gittik.*
Weil es heiß ist, sind wir ans Meer gefahren.

namens:

*Ali **diye** biri mektup yazdı.*
Einer **namens** Ali hat einen Brief geschrieben.

Wiedergabe wörtlicher Rede:

*Param yok **diye** gelmedi.*
„Ich habe kein Geld" sagend, kam er nicht.

1. Weil

2/32

Wenn Ihnen die Fragen zu blöd sind, antworten Sie einfach: *Ne bileyim?* = Was weiß ich?

Karnı bozuk ***diye*** *yemek yemiyor.*

1. Ne diye yemek yemiyor? (karnı bozuk)
2. Neden denize girmiyor? (soğuk)
3. Neden mavi boncuk takıyor? (nazar)
4. Neden bir porsion daha istiyor? (lezzetli)
5. Neden bu kotu almıyor? (güzel değil)
6. Neden Türkçe öğrenemiyor? (kolay değil)

2. Welche Erwiderung passt?

Wenn nicht *„Doktor Şivago"*, dann vielleicht *„Karamasof kardeşleri"* oder *„Markiz de Sade"*.

1. Numaranız 13. Neden oturmuyorsunuz?
   a ☐ Uğurlu olmasın diye.
   b ☐ Uğursuz olmasın diye.
2. Mesela sizde hangi futbol takımı var?
   a ☐ Bayern Münih.
   b ☐ Rotary Club.
3. Neden Türkçe öğrenmeye çalışıyorsun?
   a ☐ Bir Türk ile evleneyim diye.
   b ☐ Bir Arap ile evleneyim diye.
4. Doktor Şivago okudunuz mu?
   a ☐ Evet, çok şekerli.
   b ☐ Evet, çok ilginç.

3. Damit ...

Aufgepasst: Einmal ist die 1. Person Mehrzahl gefragt.

*gel**sin diye***

1. Ali'ye, ___ telefon ediyoruz.	– gelmek için
2. Peter'e, ___ çok yemek veriyoruz.	– doymak için
3. Sibel'e, ___ mektup yazıyoruz.	– üzgün olmamak için
4. Hepimiz, ___Türkçe öğreniyoruz.	– Türkiye'ye gitmek için.
5. Yaylaya, ____ yaya çıkıyoruz.	– pahalı olmamak için
6. Celal'a, ____ artık sigara vermiyoruz.	– bırakmak için

4. Auf Türkisch

Zu 6: Glückwunschformel bei Entscheidungen, Neuerungen, Anschaffungen etc.

1. Draußen wartet ein Herr namens Ali.
2. Mit den Worten „Pfeif drauf!" ging er.
3. Er geht ins „meyhane", um „meze" zu essen.
4. Soll ich mal fragen?
5. Weil das Buch interessant ist, kaufte ich es.
6. Möge es Glück bringen.

Diesem zufolge sind Zauberei und Wunderheilung verboten. Eine Lachnummer. Die Dienste des *cinci hoca* (Beschwörers) oder *büyücü* (Magiers) sind in allen Gesellschaftsschichten gefragt. *Muska* (Talismane), blaue Perlen, Koransuren sind da noch harmlos. Untreue Ehemänner werden lendenlahm gehext, spröde Jungfern in Liebeswallung gebetet. *Hazineci* (Schatzsucher) zumal, eine in der Türkei weit verbreitete Spezies, wären ohne *hoca* aufgeschmissen, gelten doch sämtliche Schätze als mit Bannsprüchen belegt. *Nazar*, der böse Blick, lauert überall. Und hält man sich diesen von Leib und Schwelle, durch blau gestrichene Türrahmen beispielsweise, drohen noch immer Gefahren durch einen *cin* (Dämon). *Allah korusun.* (Da sei Gott vor!) – sagen Sie es mehrmals laut und deutlich, sollte Ihnen ein Mensch ohne Nasenscheidewand begegnen.

Auch der anbetungswürdige *aziz* (Heilige) dürfte nach orthodoxer islamischer Auffassung gar nicht sein. Dennoch gibt es keinen Winkel, in dem nicht ein *aziz* oder *şehit* (Märtyrer) um *bereket* (magische Kraft) angefleht wird. Gesundheit, Erfolg, Kinderwunsch – Votivgaben, oft nur in Gestalt einfacher Stofffetzen an Gräbern oder nahen Bäumen, sollen dem Anliegen Nachdruck verleihen. In Zeiten größter Bedrängnis setzt selbst der Staat darauf. *Hızır*, Frühlingsbote und Nothelfer noch aus byzantinischer Zeit, wurde zum Schlüsselwort für die Erdbebenhilfe des Katastrophenjahres 1999. Dabei wäre es auch ohne seine Hilfe gegangen, hätte man nur auf die *falcı* gehört. Die Kaffeesatzpropheten hatten nämlich alles vorausgesehen.

Feiertage

Şeker bayramı (Zuckerfest), beendet den Fastenmonat *Ramazan,* feiert den Beginn der Offenbarung des Koran.

Kurban bayram (Opferfest), 2 Monate und 10 Tage später. Abraham opfert einen Widder an seines Sohnes Statt. Fällt zusammen mit dem Monat der *hac* (Wallfahrt nach Mekka).

Çocuk bayramı (Kinderfest), anlässlich der Parlamentsgründung am 23. April (1923).

Zafer bayramı (Siegesfest), Sieg über die Griechen am 30. August (1926).

Cumhuriyet bayramı (Fest der Republik), Gründung der Republik am 29. Oktober (1923).

19 Waren Sie beim Arzt?

Roter Halbmond

Das islamische Pendant zum Roten Kreuz zeigt an: Hier wird gedoktert! Im *hastane*, in der *sağlık ocağı* (Krankenstation für Dörfer) oder einer *muayenehane* (Privatpraxis). *İğne* (Spritze) und *sargı malzemesi* (Verbandszeug) zücken *doktor, hemşire* (Krankenschwester), *ebe* (Hebamme). Praxen, Laboratorien, Apotheken sind wie die alten Zünfte in einem Stadtviertel konzentriert.

Uzman	Facharzt
göz doktoru	Augenarzt
kadın doktoru	Frauenarzt
cilt doktoru	Hautarzt
dahiliyeci	Internist
çocuk doktoru	Kinderarzt
diş doktoru	Zahnarzt

Früher gab's in jedem Dorf die *koca karı*, das Kräuterweib. Sie legte Verbände an, renkte Glieder ein und öffnete der Kreißenden das Haar, die Tür, den Schrank, um die Geburt zu erleichtern. Die ganz Alten kennen sich noch mit *şifalı otlar* (Heilkräuter) aus, verstärkt auch der *baharatçı* (Gewürzhändler), der mit der Renaissance des Islam dessen Heilkunde wieder entdeckt. Inzwischen aber hat die Schulmedizin des Westens die meisten Formen der Selbsthilfe verdrängt. Wer heute *tedavi* (Behandlung) benötigt, geht erst mal zur *eczane* (Apotheke). Rezeptpflicht gibt es keine, versichert ist ohnehin nur ein geringer Teil der Bevölkerung. Da spart man in leichteren Fällen die Arztkosten. Die populäre Palette der westlichen Pharmariesen ist vertreten, nur Homöopathisches hat noch Exotenstatus. Doch *dikkat* (Vorsicht!): Verabreicht werden hauptsächlich Hämmer. Schonende *ilaç* (Medizin) muss man selbst mitbringen. In den Krankenhäusern des staatlichen Gesundheitssystems zumal herrschen traurige Zustände. Qualifizierte Ärzte hält es da nicht lange. Private Kliniken winken mit weit besseren Arbeitsbedingungen, und wer es sich nur irgend leisten kann, macht um das *devlet hastanesi* (Staatskrankenhaus) einen großen Bogen.

Auch Peter Hassan wird von Sibel zum *özel doktor* (Privatarzt) geschickt. Es geht es ihm nicht gut. Ob es an seiner Abreise liegt? Doktor Lokman geht in seiner Diagnose sogar noch weiter. Für ihn ist es ein klassischer Fall von *sevda* (Liebeskummer). Uneingestanden!

A Kendimi kötü hissediyorum 19

2/33

rahatsız	unwohl
kendi	selbst, eigen, sich
kötü	schlecht
hissetmek	fühlen
hasta	krank, Patient
doktor	Arzt
görmek	sehen, aufsuchen
lüzum	Notwendigkeit
randevu	Termin, Verabredung
hastane	Krankenhaus

Neyin var? Rahatsız mısın?	Was hast du? Fühlst du dich unwohl?
Evet. Kendimi kötü hissediyorum.	Ja. Ich fühle mich schlecht.
Hastasın galiba. Doktora göründün mü?	Wahrscheinlich bist du krank. Hast du einen Arzt aufgesucht?
Hayır, lüzum yok.	Nein, das ist nicht nötig.
Bence lüzum var. Kendine iyi bakmıyorsun.	Meiner Meinung nach ist es nötig. Du gibst nicht gut auf dich Acht.
Ne yapayım?	Was soll ich denn tun?
Ne demek? Doktordan randevu alman lazım.	Was heißt das? Du musst dir vom Arzt einen Termin geben lassen.
Sen kendin hangi doktora gidiyorsun?	Zu welchem Doktor gehst du selbst?
Kendim Doktor Lokman'a gidiyorum.	Ich selbst gehe zu Doktor Lokman.
Evet?	Ja?
Kendi hastanede çalışıyor.	Er arbeitet in seinem eigenen Krankenhaus.

3 mal *kendi*

– eigen

***Kendi** arabanız var mı?*
Haben Sie ein eigenes Auto?

– selbst

kendi + besitzanzeigende Endung
***Kendi-m** gittim.*
Ich bin **selbst** hingegangen.
***Kendi-si** rakı içmiyor.*
Er selbst trinkt keinen Raki.

– sich selbst

kendi + besitzanzeigend Endung + Fall-Anhängsel
***Kendi-m-i** iyi hissediyorum.*
Ich fühle **mich** gut.
***Kendi-si-ne** iyi bakmıyor.*
Er gibt nicht gut auf **sich** acht.
***Kendi-miz**-den memnunuz.*
Wir sind mit uns zufrieden.

... Meinung nach

persönliches Fürwort + *-ce/-ca*

bence	meiner Meinung nach
sence	deiner ...
onca	seiner/ihrer ...

in der Mehrzahl:
bizce/sizce/onlarca

Ob gut oder schlecht: *Bu da geçer.* = Auch das geht vorbei.

1. Wie fühlen Sie sich?

2/34

*Kendimi **yaşlı** hissediyorum.*

1. yaşlı
2. yalnız
3. rahatsız
4. kötü
5. iyi
6. harika

rahat ohne *sız* bedeutet: bequem, angenehm.

2. Welche Erwiderung passt?

1. Rahatsız mısın?
   a ■ Evet. Kendimi kötü hissediyorum.
   b ■ Evet. Kendimi iyi hissediyorum.
2. Hastayım.
   a ■ Sağlık olsun.
   b ■ Geçmiş olsun
3. Doktordan randevu aldın mı?
   a ■ Yarın saat beşte.
   b ■ Saat beş.

Die Betonung liegt auf „selbst“.

3. Antworten Sie

*Bu ev **kendim** yaptım.*

1. Bu ev kim yaptı? (ben)
2. Hastanesinde kim çalışıyor? (o)
3. Bunu kim istedi? (biz)
4. Rakıyı kim içti? (sen)
5. Bunu kim söyledi? (siz)
6. Oraya kim gitti? (ben)

Alles Ansichtssache? Okay, ausnahmsweise dürfen Sie auch das Gegenteil behaupten.

4. Nötig oder nicht nötig?

*Lüzum **var**.*

1. Peter hasta. Doktoru görmesi lazım.
2. Türkiye'de Türkçe bilmek lazım.
3. Peter Sibel'i seviyor. Evlensin mi?
4. Süt içmek istiyorum. Yaylaya gideyim mi?
5. Türkiye'yi gezmek için Müslüman olmak lazım.
6. Papaz olmak için Hıristiyan olmak lazım.

Warum kompliziert formulieren, wenn es auch einfach geht?

5. Drücken Sie es kürzer aus

***Onca** Türkçe kolay değil.*

1. Türkçe kolay değil. Bunu Peter söyliyor.
2. Doktor Lokman harika bir doktor. Bunu ben söyliyorum.
3. Nazar diye bir şey yok. Bunu sen söyliyorsun.
4. Bu lokanta çok pahalı. Bunu biz söyliyoruz.
5. Kendi evim daha güzel. Bunu ben söyliyorum.
6. Her şey kötü. Bunu siz söyliyorsunuz.

B Canım çok sıkılıyor 19

2/35

nere?	welcher Ort?
acımak	weh tun
taraf	Seite
ateş	Feuer, Fieber
evli	verheiratet
can ... sıkılıyor	in Unruhe sein, sich langweilen
uyku	Schlaf
çare	Abhilfe
ait	gehörend, angehend
aşık	verliebt

Nereniz acıyor?	Wo tut es Ihnen weh?
Her tarafım, Doktor bey.	Überall, Herr Doktor.
Ateşiniz de var mı?	Haben Sie auch Fieber?
Olabilir. Sizce neyim var?	Kann sein. Was glauben Sie, was ich habe?
Hmmm. Evli misiniz?	Hmmm. Sind Sie verheiratet?
Hayır. Of, canım çok sıkılıyor.	Nein. Uff, ich bin so unruhig.
Uykusuz musunuz?	Leiden Sie an Schlaflosigkeit?
Evet. Uykum da hiç yok. Bir çare var mı?	Ja. Auch Schlaf habe ich überhaupt keinen. Gibt es was dagegen?
Çaresi size ait. Bence aşıksınız.	Das liegt an Ihnen. Meiner Meinung nach sind Sie verliebt.

welcher Ort?

nere- + besitzanzeigende Endung
*Nere-**n** acıyor?*
Welche Stelle **von dir** tut weh?
*Bura-**m** acıyor.*
Diese meine Stelle tut weh.
*Her taraf-**ım** acıyor.*
Jede Seite von mir tut weh.

Seelenpein

can + besitzanzeigende Endung + *sıkılıyor*
mein, dein etc. Herz wird gequetscht = in Unruhe sein/sich langweilen

-e/-a ait

*bu kitap bana **ait***
dieses Buch gehört **mir**
*bu problem sadece bana **ait***
diese Problem geht nur **mich** an

Wo drückt der Schuh?

midem bulanıyor
mir ist übel
ishal oldum
ich habe Durchfall
üşüttüm
ich habe mich erkältet
yaram var
ich habe eine Wunde

Schildern Sie Dr. Lokman die Symptome Ihres Freundes.

1. Was hat er?

__Midesi__ bulanıyor.

1. mide
2. ateş
3. can
4. ishal
5. yara
6. her tarafı acımak

İshal oldunuz mu? Türken kauen in diesem Fall löffelweise getrocknete Teeblätter.

2. Welche Erwiderung passt?

1. Bütün gün tuvalette oturuyor.	a İshal oldu. b Memnun oldu.
2. Neresi acıyor?	a Burası. b Burada.
3. Neden canın sıkılıyor?	a Çünkü memnunum. b Çünkü yalnızım.
4. Bu bardak kime ait?	a Ali'yi. b Ali'ye.

Nere wie *kim* und *ne:* Fragewörter, die sich beugen lassen.

3. Was sagt wer?

1. Nereniz acıyor?	a çaycı
2. Selamünaleyküm.	b uykusuz biri
3. Kyrie eleison.	c doktor
4. Buram çok acıyor.	d Müslüman
5. Açık mı, koyu mu?	e papaz
6. Yorgunum.	f hasta

Kime ait? Auf Türkisch fragen Sie bei jedem Satz dasselbe. In der Übersetzung aber kommt immer etwas anderes heraus. Hilfe: *veya* = oder

4. Wer ist zuständig?

1. hesap	a wer ist zuständig?
2. „Olmak veya olmamak“ diye	b wen betrifft?
3. bu mektup	c wer übernimmt?
4. bu problem	d wem gehört?
5. bu iş	e von wem stammt?
6. en güzel ev	f für wen?

Irgendwas setzt Ihnen zu oder es ist Ihnen einfach nur langweilig, weil ...

5. Wie ärgerlich

Canım sıkılıyor __çünkü arkadaşım yok__.

1. habe keinen Freund
2. habe kein Buch
3. bin krank
4. kann nicht schwimmen
5. kann nicht rausgehen
6. mein Lehrer ist mit mir nicht zufrieden

Türkische Anatomie 19

Sage keiner, alle Menschen seien gleich. Der Bauplan der Türken zumal weicht beträchtlich vom unsrigen ab und das fängt schon beim Finger an. Jeder weiß, dass der Daumen (der schüttelt die Pflaumen) der erste ist. Nicht bei den Türken, da beginnt man beim Zählen mit dem Zeigefinger. Von wegen Knirpse – wenigstens drei Käse hoch. *Bacaksız* (ohne Beine) kommt das türkische Pendant daher. Matz ohne Hose. Erst später holen sie auf: Erwachsene, hoch aufgeschossen wie Pappeln, schön wie der Vollmond, mit Gazellenaugen, zwinkernden Brauen, großem Kinn und dem ihnen eigenen Ausdruck eines gewaltigen Mundwerks.

Wundersam auch ihr Innenleben. Nicht weniger als vier Herzen gibt es da. *Gönül* für das Gefühl, *yürek* für den Mut, *kalp* für die Wissenschaft und *can* als Sitz der Lebenskraft. Aber wo suchen, wenn der Patient klagt: *Canım sıkılıyor* (mein Herz wird gequetscht)? Neben der *ciğer* (Leber) vielleicht? *Can-ciğer* gelten als unzertrennlich, als ein Herz und eine Seele. Die Leber wäre es, die schmerzte, wenn es uns das Herz vor Kummer zerrisse. Vom *can* also nach wie vor keine Spur, nicht einmal in der Hose, denn einem erschrockenen Türken würde allenfalls die Galle reißen. Apropos Galle. Für Wutanfälle sind Dämonen zuständig, denen sich beim Kampf um die unsterbliche *ruh* (Seele) kein Sensenmann gewachsen zeigte. Türken holt deswegen auch nicht der Teufel, sondern *Azrael*, der Engel des Todes.

Vücut	**Körper**
kafa	Kopf
saç	Haar
burun	Nase
ağız	Mund
diş	Zahn
dil	Zunge, Sprache
kulak	Ohr
çene	Kinn
boğaz	Hals
sırt	Rücken
göğüs	Brust
meme	Busen
kol	Arm
el	Hand
parmak	Finger
tırnak	Nagel
bacak	Bein
diz	Knie
ayak	Fuß

20 Pass auf dich auf

Zeitbestimmungen

*ilkbahar**da***	**im** Frühling
*yaz**ın***	**im** Sommer
*sonbahar**da***	**im** Herbst
kışın	im Winter
***geçen** salı*	**letzten** Dienstag
*salı **günü***	**am** Dientag
gelecek ...	**kommenden ...**
dün	gestern
öbür gün	übermorgen
*sene**ye***	**nächstes** Jahr
*hafta**ya***	**nächste** Woche

Monate

ocak	Januar
şubat	Februar
mart	März
nisan	April
mayıs	Mai
haziran	Juni
temmuz	Juli
ağustos	August
eylül	September
ekim	Oktober
kasım	November
aralık	Dezember

Yolun açık olsun (möge dein Weg offen sein) – wünscht man dem *yolcu* (Reisenden). Abschiednehmen ist eine traurige, risikoreiche Sache, *gurbet çekmek* (unter der Fremde leiden) die unausbleibliche Folge. Ein paar Spritzer Wasser begünstigen angeblich die Rückkehr: *Su gibi git, su gibi gel.* (Fließe wie Wasser dahin, kehre wie Wasser zurück!) Leider ohne Garantie. *Kısmet olursa* (Wenn es das Geschick so will), sieht man sich wieder. *Allah büyük.* (Gott ist groß!) Der deichselt ohnehin die Zukunft: *Allah kavuştursun.* (Möge Gott uns wieder zusammenführen.)
Peter Hassan ist völlig zerknirscht. Der Abschied fällt ihm schwer. Vor der Fahrt zum Flughafen steckt ihm jeder noch ein kleines *hediye* (Geschenk) zu. Süßigkeiten vor allem, Wegzehr, damit er auf dem Nachhauseweg nicht verhungert. Ein paar *hatıra* (Andenken) sind aber auch darunter. Blaue Perlen, eine CD mit Liedern der Sängerin Nurhan Uyar, Fayencen aus Kütahya. Zum Glück hat er viel fotografiert. Er weiß, dass alle jetzt Abzüge erwarten. Ali Akkaya begleitet ihn zum Gate. Peter kämpft mit den Tränchen, schielt aber zugleich in die Wartehalle. Ob sie wohl noch kommt? Ali bemerkt es. *Merak etme* (Mach dir keine Sorgen). Ein paar Frotzeleien helfen die Situation überspielen. Und da ist sie auch schon: Sibel, außer Atem, ein gewaltiges Paket Haselnüsse vom Schwarzen Meer unter dem Arm.

sevgili	lieb, geschätzt, Liebling
ki	dass
tanışmak	sich kennen lernen
sevinmek	sich freuen
yazık	schade
haklı olmak	Recht haben
seneye	nächstes Jahr
görüşürüz	auf Wiedersehen
acaba?	ob ... wohl?
merak etmek	sich sorgen, neugierig sein

Sevgili Aliciğim, iyi ki tanıştık.	Mein lieber, guter Ali, gut, dass wir uns kennen gelernt haben.
Evet, ben de çok sevindim.	Ja, ich habe mich auch sehr gefreut.
Yazık ki gitmem lazım.	Schade, dass ich gehen muss.
Haklısın. Çok üzgünüm.	Du hast Recht. Ich bin sehr traurig.
Ne yapalım. Seneye görüşürüz.	Was sollen wir machen. Nächstes Jahr sehen wir uns wieder.
İnşallah. Nereye bakıyorsun?	Hoffentlich. Wohin schaust du?
Kapıya. Geliyor mu acaba?	Zur Tür. Ob sie wohl kommt?
Merak etme. İşte geldi.	Mach dir keine Sorgen. Bitte sehr, da ist sie schon.

-cik, -cük, -cık, -cuk

Anhängsel an Haupt- und Eigenschaftsworten. Färbt zärtlich ein oder verkleinert.
*Ali-**ciğ**-im* *mein* **lieber** Ali
*parça-**cık*** Stück**chen**

dass

ki nach Satzaussage
*iyi **ki** geldin*
gut, **dass** du gekommen bist
*biliyorum **ki** beni sevmiyorsun*
ich weiß, **dass** du mich nicht liebst

ob ... wohl

acaba? – Fragepartikel bei Neugier, Zweifel
***Acaba ne** olacak?*
Was wird **wohl** sein?
*Geliyor mu **acaba**?*
Ob sie **wohl** kommt?

İyi ki doğdun (gut, dass du geboren bist) – Geburtstagsständchen zur Melodie von Happy birthday.

1. Gut, dass wir …

İyi ki ***tanıştık****.*

1. tanışmak
2. görüşmek
3. hasta olmamak
4. doktoru görmek
5. dışarıya çıkmak
6. sigarayı bırakmak

Hinweis für Rechthaber: *hak* ist eigentlich das göttliche Recht; *haklı – haksız* lässt sich also durchaus auch im Sinne „im Recht sein" – "im Unrecht sein" verwenden.

2. Welche Erwiderung passt?

1. İyi ki tanıştık.
   a Ben de üzgünüm.
   b Ben de sevindim.
2. Sevgili arkadaşım, artık görüşemiyoruz.
   a Ne güzel.
   b Ne yazık.
3. Ateş gibi çok sıcak demek.
   a Haklısın.
   b Haklı değilsin.
4. Neden hep saata bakıyorsun?
   a Tavsiye ediyorum.
   b Merak ediyorum.

Monat von „Mond", auch bei den Türken: *ay* = Mond, Monat

3. Was kommt danach?

mayıs, ***haziran****,* ***temmuz***

1. mayıs
2. ocak
3. aralık
4. temmuz
5. eylül
6. mart

Am Sankt Nimmerleinstag? *Balık kavağa çıktığı zaman.* = Wenn der Fisch auf die Pappel steigt.

4. Wann sehen wir uns wieder?

Gelecek pazartesi günü *görüşürüz.*

1. am nächsten Montag
2. nächstes Jahr im Frühling
3. übermorgen um zwei Uhr
4. am nächsten Mittwoch
5. nächste Woche am Freitag
6. am Sonntag um 19 Uhr

Sie wollen etwas erreichen? Der richtige Ton führt zum Ziel: *-ciğim* = mein lieber ...

5. Schmeicheln

*Baba****cığım****, biraz para verir misin?*

1. Baba, biraz para verir misin?
2. Teyze, postane nerede?
3. Sibel, telefon numaranı söyler misin?
4. Turgut, üzgün olma.
5. Anne, bayramın kutlu olsun.
6. Sevgili, hep beraber olalım.

2/39

söz vermek	versprechen
vedalaşmak	sich verabschieden
zor	schwierig
haberleşmek	miteinander kommunizieren
dönmek	umkehren, sich drehen
aile	Familie
selam söylemek	grüßen
çağırmak	rufen, einladen
hosça kal/-ın	Tschüs!
özlemek	vermissen, sich sehnen

Kendine iyi bak.	Pass gut auf dich auf.
Söz veriyorum.	Ich verspreche es.
Vedalaşmak ne kadar zor.	Was ist Abschiednehmen doch schwierig.
Evet. Haberleşeceğiz, değil mi?	Ja. Wir bleiben in Verbindung, nicht wahr?
Tabii. Berlin'e dönünce telefon edeceğim.	Klar. Sobald ich nach Berlin zurückgekehrt bin, rufe ich an.
Ailene selam söyle.	Grüße deine Familie.
Sağ ol, söyleyeceğim. Ah, az sonra çağıracaklar.	Danke, werde ich bestellen. O weh, gleich werden sie uns aufrufen.
Evet, gitmen lazım. İyi yolculuklar.	Ja, du musst gehen. Gute Reise.
Hosça kalın. Sizi özleyeceğim.	Macht's gut. Ich werde euch vermissen.

Zukunfts-Anhängsel

Stamm + *-(y)ecek/-(y)acak*

gel-eceğim	ich werde kommen
gel-eceksin	du wirst ...
gel-ecek	er wird ...
gel-eceğiz	wir werden ...
gel-eceksiniz	ihr werdet ...
gel-ecekler	sie werden ...

wenn, sobald, als

Stamm + *-(y)ince, -(y)ünce, -(y)ınca, -(y)unca*
bildet zeitliche Nebensätze

Yaz-ınca selam yaz.
Wenn du schreibst, grüße.

*Bir şey öğren-**ince** söyle.*
Sobald du etwas erfährst, sag es.

*Eve gel-**ince** önce telefon etti.*
Als sie nach Hause kam, telefonierte sie zuerst.

Dieses Lehrbuch endet raffinierterweise mit der Zukunft. Jetzt müssen Sie einfach weiter machen.

1. Wer wird kommen?

*Peter seneye gel**ecek**.*

1. Peter: seneye
2. Doktor: az sonra
3. Biz: perşembe günü
4. Sen: haftaya
5. Siz: yalnız
6. Ben: Ali'yle

Haber sind die Nachrichten, auch die im *televizyon*.

2. Welche Erwiderung passt?

1. Haberleşelim mi?	a	Tamam, telefon edeceğim.
	b	Tamam, Türkçe öğreneceğim.
2. Vedalaşalım mı?	a	Allaha ısmarladık.
	b	Merhaba.
3. Kendine iyi bak.	a	Haklı değilsin.
	b	Söz veriyorum.
4. Türkçe çok kolay.	a	Hayır, çok hasta.
	b	Hayır, çok zor.

Sie haben je zwei Befehlsformen. Betonen Sie das zeitliche Aufeinander beider Aktionen.

3. Sobald

*Eve **dönünce** telefon et.*

1. eve dön, telefon et
2. arkadaşları gör, selam söyle
3. Türkçe öğren, Türkiye'ye gel
4. Fatma'yla görüş, telefon numarasını sor
5. fazla yemek ye, rakı iç
6. arabaya bin, sigara içme

Der Stamm des jeweiligen Zeitwortes und die gebeugte Endung müssen zusammengebracht werden. In einem Fall bleibt es beim Stamm.

4. Was fehlt?

1. Büroya gel-__ telefon edeceğim.	a	iyorum
2. Sigarayı bırakacağım. Söz ver-__.	b	alım
3. Ali'yle görüşünce benden selam söyle-__.	c	yeceğim
4. Almanya'ya dön-__ diye canım sıkılıyor.	d	ince
5. Ne yazık ki gidiyorsun. Haydi vedalaş-__.	e	eceğim
6. Hoşça kalın. Hepinizi çok özle-__.	f	-

Welche der nachfolgenden Formeln sagt man zur Begrüßung, welche zum Abschied?

5. Begrüßung – Abschied

1. Güle güle.
2. Alo?
3. Günaydın.
4. Görüşürüz.
5. Merhaba.
6. Hosça kalın.
7. Nasılsınız?
8. İyi yolculuklar.
9. Allaha ısmarladık.
10. Hoş geldiniz.
11. Selamünaleyküm.
12. Kendine iyi bak.

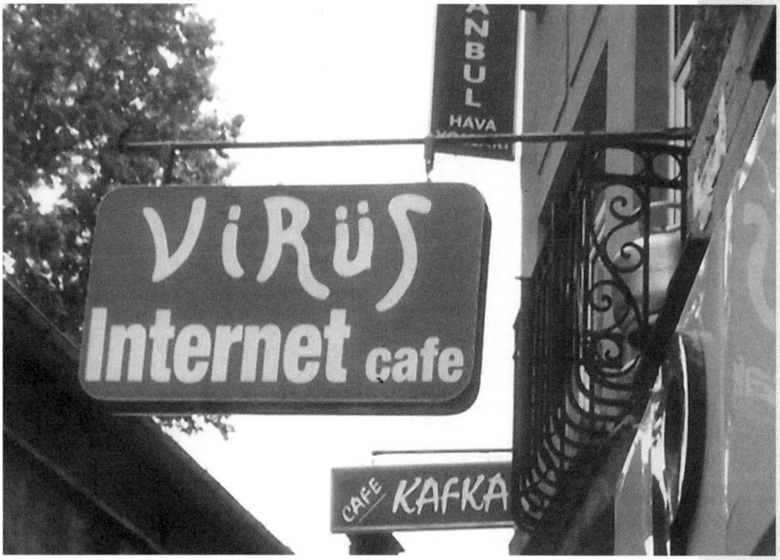

Haberleşeceğiz (wir bleiben in Verbindung), versprachen sich Sibel und Peter zum Abschied. Und sie dachten nicht an Telefon und Brief allein. Auch die Türkei, verkörpert vor allem durch die Jüngeren, hängt längst am World-Wide Web der elektronischen Kommunikation. Sibel, mangels Kasse – ganz typisch – noch nicht im Besitz eines eigenen *bilgisayar* (Computer), verbringt Stunden im Internet-Café. Wie Pilze schießen diese aus dem Boden, weniger als Tor zum Handel denn zur Welt. Skeptisch beäugt gerade deshalb von Vater Staat, der sich plötzlich um alle Einflussmöglichkeiten gebracht sieht. Aber nicht nur das Informationsmonopol ist außer Kraft gesetzt, auch das Recht. Vergehen im Internet ahndet (noch) kein Staatsanwalt, mit entsprechenden Folgen. Jüngst eingerichtet: *Megabahis*, ein riesiges virtuelles Kasino, von der Karibik auf Türkisch ins Netz eingespeist. *Kumar* (Glücksspiel) und *bahis* (Wetten) jedoch sind in der Türkei verboten.

Nicht verboten: Mahir Cağrı aus Izmir. Die Homepage des „starken Cyber-Türken" (Libération) gehört zu den erfolgreichsten privaten Internet-Adressen der Welt. Pro Woche mehr als 1 Million Mal angeklickt, hat es der „heißeste Türke im Netz" (USA Today) längst zum Kultstatus gebracht. Sein eigenwilliges Englisch („ Who is want to come to Turkey, I can invitate ... She can stay my home") findet weltweit verzückte Nachahmer. Mouse-Pads, Mahirs rotem Tanga nachempfunden, gibt's per Versand. Und ein global operierender Internet-Fanclub vergleicht sein Profil mit den Zügen Christi auf dem Turiner Grabtuch.

İnternet bağlı mısınız?
Sind Sie online?

Ja? Dann sollten Sie die Terminologie auch auf Türkisch beherrschen:

ekran	Bildschirm
klavye	Tastatur
fare	Maus
yazıcı	Drucker
tarayıcı	Scanner

İnternette gezinmek
surfen
İnternet servis sağlayıcı
Internet service provider
sohbet odası
chat room
posta kutsusu
mailbox
elektronik ticaret
E-commerce

Test 5

Die einst bei Türken so beliebten *cirit*, wilde Reiterspiele mit Wurfspeeren, gibt's nur noch im Osten.

1. Welche Antwort ist richtig?

1. Türkischer Volkssport im eigentlichen Sinne ...
   a ■ ist das Perlentauchen.
   b ■ ist das Ringen.
   c ■ sind Hauen und Stechen.
2. Wer eine *seans* besucht, ...
   a ■ will mit einem Verstorbenen Kontakt aufnehmen.
   b ■ schaut sich im Kino einen Film an.
   c ■ beweist soziale Verantwortung.
3. Der Kaiser von Konstantinopel betete früher ...
   a ■ in der Ayasofya.
   b ■ in der Ayapopeya.
   c ■ nur still vor sich hin.
4. Blaue Perlen ...
   a ■ bannen den Bösen Blick.
   b ■ sind kleidsam und zeitgemäß.
   c ■ vor Kamele werfen (im Sinn von: Perlen vor die Säue).
5. Das Opferfest ...
   a ■ soll an das verhinderte Opfer Isaaks durch Abraham erinnern.
   b ■ verlangt den Opfern das Äußerste ab.
   c ■ fällt interessanterweise mit dem Geburtstag des Konfuzius zusammen.
6. Der Rote Halbmond ...
   a ■ über Anatoliens Steppen ist das Lieblingsmotiv türkischer Dichter.
   b ■ gilt als Symbol türkischer Feministinnen.
   c ■ ist das islamische Pendant zum Roten Kreuz.

Dr. Lokman gilt als der Doktor Eisenbart des Nahen Ostens.

2. Fragen und Antworten

1. Almanlar ne biliyor?	a ■	Dışarıda.
2. Buraya nasıl geldin?	b ■	Nazar değmesin diye.
3. Nerede oturalım?	c ■	Evet, hastanesinde.
4. Mavi boncuk ne diye takıyorsun?	d ■	Koşarak.
5. Doktor Lokmanı gördün mü?	e ■	Kötü.
6. Kendini nasıl hissediyorsun?	f ■	Almanca.

3. Was fehlt?

1. Kristof Kolomp yüz-___ Amerika'ya gitmedi.
   a ■ ünce
   b ■ erek
   c ■ ecek
2. Seni gör-___ hemen aşık oldum.
   a ■ ünce
   b ■ erek
   c ■ ecek
3. ___ nasıl hissediyorsun?
   a ■ Kendine
   b ■ Kendini
   c ■ Kendinden
4. Neden canın ___?
   a ■ söz veriyor
   b ■ soruyor
   c ■ sıkılıyor
5. Ah, bu güzel ev kime ___?
   a ■ acaba
   b ■ ait
   c ■ aile
6. Almanya'ya dönünce kesinlikle yaz-___.
   a ■ acağım
   b ■ eceğim
   c ■ yacağım

Kolumbus „ging" nach Amerika? Auf Türkisch, ja! Für gehen, fahren, fliegen etc. steht immer *gitmek,* allenfalls präzisiert durch ein vorangestelltes Wort. Bei Kolumbus: *gemiyle* = mit dem Schiff.

4. Wie sagt man das auf Türkisch?

1. Hier tut es sehr weh.
2. Draußen wartet ein Mann namens Hacı Halef Omar.
3. Ich habe es selbst gesehen.
4. Am Sonntag werde ich zur Kirche gehen.
5. Ich lernte Türkisch, indem ich viel büffelte.
6. Wir müssen jetzt Abschied nehmen.

Wie in Nummer 6 schon erwähnt, heißt es nun Abschied nehmen. Der Einstieg ins Türkische hat Ihnen hoffentlich Spaß, aber auch Mut gemacht. So schwierig war es doch gar nicht. Lesen Sie „Mord im Orientexpress", quatschen Sie ausgiebig mit Ihrem Türken um die Ecke oder aber, noch besser, *Türkiye'ye gidin.* Viel Glück und möge es Ihnen leicht fallen! *İyi şanslar ve kolay gelsin.*

Lösungsschlüssel

1 Übungen A

1. Sind Sie ...? **1.** Affedersiniz, Nazım bey misiniz? **2.** Affedersiniz, Şerif bey misiniz? **3.** Affedersiniz, Yeter bey misiniz? **4.** Affedersiniz, Veli bey misiniz? **5.** Affedersiniz, Zafer bey misiniz? **6.** Affedersiniz, Hakkı bey misiniz? **7.** Affedersiniz, Şükrü bey misiniz? **8.** Affedersiniz, Yaman bey misiniz? (In osmanischer Zeit war *bey* die Anrede für Gebildete. Eine Stufe tiefer folgte *efendi* für rangniedrige Offiziere, Studenten oder angesehene Handwerker.)

2. Was passt wo? **1.** bey misiniz **2.** Evet, Müller **3.** Merhaba **4.** Nasılsınız **6.** Ben de

3. Die richtige Reihenfolge 4 – 3 – 2 – 6 – 1 – 5

4. Füllen Sie auf **1.** Merhaba **2.** İyiyim (Ihnen geht es nicht so gut? Dann dürfen Sie auch *şöyle böyle* antworten, bedeutet: so la la, leidlich.) **3.** bey **4.** misiniz

1 Übungen B

1. Willkommen in ... **1.** İstanbul'a hoş geldiniz. **2.** İzmir'e hoş geldiniz. **3.** Trabzon'a hoş geldiniz. **4.** Ankara'ya hoş geldiniz. **5.** Eskişehir'e hoş geldiniz. **6.** Pülümür'e hoş geldiniz. **7.** Van'a hoş geldiniz. **8.** Tepeköy'e hoş geldiniz. **9.** Diyarbakır'a hoş geldiniz. **10.** Silifke'ye hoş geldiniz. (Das Richtungsanhängsel entspricht zugleich unserem Wemfall, dem Dativ also.)

2. Welche Erwiderung passt? **1.** b **2.** a **3.** a **4.** b (*İyiyim* wäre eigentlich die korrekte Antwort.)

3. Ergänzen Sie mal links, mal rechts **1.** hangi **2.** -e **3.** İyiyim **4.** Ben de

4. Die richtige Reihenfolge **1.** Affedersiniz, Peter bey misiniz? **2.** Hangi bölgeye gidiyorsunuz? **3.** Affedersiniz, hangi tuvalete gidiyorsunuz. **4.** İyiyim. Ya siz? Ben de. (Satzanfänge werden groß geschrieben. Ferner: Eigennamen, Bezeichnungen von Ämtern etc., Titel.)

5. Ihr fahrt nach ... **1.** Polonya'ya gidiyorsunuz. (Polen) **2.** İngiltere'ye gidiyorsunuz. (England) **3.** Danimarka'ya gidiyorsunuz. (Dänemark) **4.** Avusturya'ya gidiyorsunuz. (Österreich) **5.** Hollanda'ya gidiyorsunuz. (Holland) **6.** Fransa'ya gidiyorsunuz. (Frankreich) **7.** İsviçre'ye gidiyorsunuz. (Schweiz) **8.** Belçika'ya gidiyorsunuz. (Belgien)

2 Übungen A

1. Die richtige Reihenfolge 3 – 2 – 1 – 5 – 4

2. Welche Erwiderung passt? **1.** b (*Cakarta* = Djakarta, die Hauptstadt Indonesiens) **2.** b **3.** b

3. Finden Sie das passende Fragewort **1.** Hangi **2.** ne **3.** Nereden **4.** Nereye

4. Was gehört zusammen? **1.** e **2.** c **3.** f **4.** b **5.** a **6.** d

5. Sie kommen aus ... **1.** Irak'tan geliyorsunz. **2.** Suriye'den geliyorsunuz. **3.** İran'dan geliyorsunuz. **4.** Rusya'dan geliyorsunuz. (Russland) **5.** Yunanistan'dan geliyorsunuz. (Griechenland) **6.** Kıbrıs'tan geliyorsunuz. **7.** Bulgaristan'dan geliyorsunuz. 8. Girit'ten geliyorsunuz. (Das *den*-Anhängsel wird auch als Ablativ bezeichnet.)

2 Übungen B

1. Er ist auch zu Hause **1.** Affedersiniz, Mehmet bey nerede? Mehmet bey de evde. **2.** Affedersiniz, Nur hanım nerede? Nur hanım da Almanya'da. **3.** Affedersiniz, Oğuz bey nerede? Oğuz bey de tuvalette. **4.** Affedersiniz, Peter nerede? Peter de Türkiye'de. **5.** Affedersiniz, Fatma nerede? Fatma da Ayşe'de. **6.** Affedersiniz, Ali nerede? Ali de Peter'de. (Das *de*-Anhängsel heißt auch Ortsfall oder Lokativ.)

2. Welche Erwiderung passt? **1.** b (*Teşekkür ederim* dürfen Sie auch variieren: *teşekkür**ler*** = **vielen** Dank.) **2.** b **3.** b **4.** b

3. Welche Frage passt? **1.** c **2.** d **3.** f **4.** g **5.** a **6.** e **7.** b

4. Wie übersetzt man das? **1.** c **2.** d **3.** a **4.** e **5.** b

5. Was fehlt? 1. hanım (*hanım* ohne Namen hat gleichzeitig etwas von „Dame", während einfach nur „Frau" durch *kadın* ausgedrückt wird.) **2.** bey **3.** bey **4.** hanım **5.** hanım

A Übungen 3

1. Was machen Sie beruflich? 1. Gazeteci olarak çalışıyorum. **2.** Öğretmen olarak çalışıyorum. **3.** Kuaför olarak çalışıyorum. (*kuaför* nennt man eher, aber nicht ausschließlich den Damenfrisör. Der türkische Mann geht traditionell zum *berber* = Barbier.) **4.** Doktor olarak çalışıyorum. **5.** Şoför olarak çalışıyorum. (*şoför* ist der Fahrer im Allgemeinen; Busfahrer werden meist *kaptan* genannt.) **6.** Psikolog olarak çalışıyorum.

2. Die richtige Endung 1. -ı **2.** -i **3.** -u **4.** -i **5.** -i **6.** -ü

3. Welche Erwiderung passt? 1. b **2.** b **3.** b **4.** a (Ein *öğretmen* unterrichtet auch an der *okul* = Schule.)

4. Ergänzen Sie 1. iyi **2.** olarak, Ben **3.** mı, yok **4.** değil, değil **5.** Ne, olarak

5. Heißen Sie etwa? 1. Adem mi? **2.** Havva mı? **3.** Salih mi? **4.** Yakup mu? **5.** Suzan mı? **6.** Yahya mı? **7.** Süleyman mı? **8.** İbrahim mi? (Statt *ad* für „Namen" steht oft auch *isim.*)

B Übungen 3

1. Wohin wollen wir gehen? 1. Teyzelere gidelim. **2.** Mustafa'lara gidelim. **3.** Evlere gidelim. **4.** Arkadaşlara gidelim. **5.** Delilere gidelim. **6.** Psikologlara gidelim. **7.** Yakup'lara gidelim. **8.** Gazetecilere gidelim.

2. Welche Erwiderung passt? 1. b (*Allaha ısmarladık*, wörtlich etwa: Gott befohlen) **2.** a **3.** b **4.** a

3. Wie heisst die passende Frage? 1. yapalım **2.** yapıyorsunuz (Möglich wäre auch: *Ne olarak çalışıyorsunuz?)* **3.** o **4.** gidelim **5.** Adınız **6.** Mesleğiniz

4. Was passt zusammen? 1. c **2.** d **3.** a **4.** b

5. Und wie steht es mit ...? 1. Ya ben? **2.** Ya siz? **3.** Ya onlar? **4.** Ya siz? **5.** Ya sen? **6.** Ya biz?

A Übungen 4

1. Wie alt? 1. Ben yedi yaşındayım. **2.** Sen on dokuz yaşındasın. **3.** O otuz altı yaşında. **4.** Biz yirmi bir yaşındayız. **5.** Siz on dört yaşındasınız. **6.** Onlar otuz sekiz yaşında.

2. Welche Erwiderung passt? 1. b **2.** a **3.** b **4.** b (Auch Antwort a wäre denkbar; so etwa: Man kann Sie nicht schätzen, man sieht Ihnen Ihr Alter nicht an. Eher aber klingt nach *hiç göstermiyorsunuz* Überraschung an. Man erfährt also, wie alt der andere ist, will es aber einfach nicht glauben.)

3. Wandeln Sie in Fragen um 1. Siz beş arkadaş mısınız? **2.** İstanbul Ankara'dan güzel mi? **3.** Ben çok yaşlı mıyım? **4.** Biz evde değil miyiz? **5.** Siz onlardan küçük müsünüz? (Hier ist „jung", also *genç* gemeint.) **6.** Sen Almanya'da mısın?

4. Die richtige Reihenfolge 1. Mehmet amca kaç yaşında? **2.** Rübezahl Rumpelstilzchen'den büyük. **3.** Biz Almanya'da değiliz. **4.** Siz çok yaşlı değil misiniz? **5.** Ben Ayşe'den güzel miyim? **6.** O zaman tahmin edin.

B Übungen 4

1. Ja, ich möchte 1. Evet, Ali'ye gitmek istiyorum. **2.** Evet, kitap okumak istiyorum. **3.** Evet, bir şey söylemek istiyorum. **4.** Evet, başka bir şey yapmak istiyorum. **5.** Evet, parkta gezmek istiyorum. **6.** Evet, yarın görüşmek istiyorum. (Für Sich-Treffen steht häufig auch *buluşmak.*)

2. Welche Erwiderung passt? 1. b **2.** a **3.** a **4.** a (*yaşlı* bei Lebewesen, *eski* bei Dingen)

3. Lasst uns ... 1. affedelim **2.** okuyalım **3.** bakalım **4.** söyleyelim **5.** gidelim

4. Gibt's was Schöneres als ...? 1. Gezmekten güzel bir şey var mı? **2.** Görüşmekten güzel bir şey var mı? **3.** Çalışmaktan güzel bir şey var mı? **4.** Affetmekten güzel bir şey var mı? **5.** İyi bir şey yapmaktan güzel bir şey var mı? **6.** Türkiye'ye gitmekten güzel bir şey var mı?

5. Drei schöne Damen **1.** Üç güzel hanım. **2.** Yedi yaşlı bey. **3.** Deli bir arkadaş. (*arkadaş* meint auch „Kollege"; *dost* dagegen bezeichnet den engen Freund.) **4.** Sekiz küçük ev. **5.** Dört iyi meslek. **6.** Büyük bir şey.

T Test 1

1. Welche Antwort stimmt? **1.** c **2.** b **3.** c **4.** c **5.** b **6.** c

2. Fragen und Antworten **1.** c **2.** e **3.** f **4.** g **5.** b **6.** a **7.** d **8.** (wiederum) g

3. Was fehlt? **1.** b **2.** c **3.** c **4.** c **5.** a **6.** c **7.** c

4. Wie sagt man auf Türkisch? **1.** Affedersiniz, Latife hanım mısınız? **2.** Merhaba, nasılsınız? **3.** Tahmin edin. **4.** Nereden geliyorsunuz? **5.** Adınız ne? **6.** Kaç yaşındasın? **7.** Ayşe hanım Celal bey'den büyük. **8.** Teşekkür ederim.

5 Übungen A

1. Die nächste Zahl? **1.** iki **2.** sekiz **3.** beş **4.** otuz altı **5.** altmış sekiz **6.** seksen üç

2. Welche Erwiderung passt? **1.** b (Timur der Lahme alias Tamerlan, berühmter türkisch-mongolischer Eroberer aus dem 14. Jh.) **2.** b **3.** a

3. Mit wem? **1.** Kiminle görüşüyorum? **2.** Attila beyle görüşebilir miyim? (Hinter dem Namen Attila verbirgt sich der Etzel des Nibelungenliedes.) **3.** Sara'yla gezmek istiyorum. **4.** Arkadaşlarla başka bir eve gidelim mi? **5.** Ali amcayla gelecek. (Aufgepasst: „mit Onkel Ali" ist hier gemeint, nicht: „Ali mit dem Onkel.") **6.** Erol'la deli bir şey yapmak istiyorum.

4. Wie heißt das auf Türkisch? **1.** Süleyman'la görüşebilir miyim? **2.** Hassan bey evde yok. **3.** Affedersiniz, Çiğdem hanım evde mi? **4.** Üzgünüz, Yusuf'lar evde yok. **5.** Alo, kiminle görüşüyorum?

5. Seine Handy-Nummer ist ... **1.** dokuz – üç – sıfır – iki – yedi – beş – bir – sekiz **2.** yedi – beş – sıfır – üç – dokuz – bir – beş – iki **3.** beş – dört – dört – yedi – sıfır – üç – dört – altı **4.** sıfır – iki – beş – bir – bir – dokuz – üç – yedi **5.** iki – iki – iki – dört – bir – altı – dört – sıfır **6.** sıfır – bir – beş – dokuz – dört – beş – sıfır – iki

5 Übungen B

1. Die richtige Reihenfolge **1.** 3–4–1–2 **2.** 3–1–2 **3.** 3–1–2

2. Welche Erwiderung passt? **1.** b **2.** a (Manche sagen auch *bir saniye* = eine Sekunde.) **3.** b

3. Würden Sie bitte/gerne ...? **1.** Leyla'yla görüşmek ister misiniz? (Leyla, ein arabischer Mädchenname, hat in der orientalischen Dichtung eine ähnliche Funktion wie die Shakespeare'sche Julia.) **2.** Evde çalışır mısınız? **3.** Ali'yle gezer misiniz? **4.** Arkadaşlara telefon eder misiniz? **5.** Bir dakika gelir misiniz? **6.** Bir, iki, üç söyler misiniz?

4. Was passt zusammen? **1.** d (Hat dieselbe Doppelbedeutung wie im Deutschen: sowohl „klar, gewiss" als auch „natürlich, die Natur betreffend".) **2.** a **3.** e **4.** b **5.** c **6.** f

5. Rufen Sie mich an? **1.** Yarın telefon eder misiniz? Numaram altı–dört–dokuz–sıfır–iki–beş. **2.** Evden telefon eder misiniz? Numaram yedi–üç–sıfır–iki–bir–dokuz. **3.** Ankara'dan telefon eder misiniz? Numaram bir–sıfır–bir–altı–iki–yedi. **4.** Siz de telefon eder misiniz? Numaram üç–üç–altı–dokuz–bir–yedi. **5.** O zaman telefon eder misiniz? Numaram sekiz–beş–sekiz–üç–dokuz–sekiz. **6.** İşten telefon eder misiniz? Numaram üç–sekiz–iki–beş–bir–sıfır.

6 Übungen A

1. Wie viel kostet das? **1.** Bu, on altı milyon yedi yüz iki bin dört yüz yirmi beş. **2.** Bu, kırk sekiz milyon iki yüz doksan altı bin dokuz yüz. **3.** Bu, on milyon iki yüz kırk beş bin seksen dokuz. **4.** Bu, yirmi sekiz milyon dört yüz kırk beş bin dokuz yüz on beş. **5.** Bu, iki yüz kırk yedi milyon beş yüz yirmi sekiz bin sekiz yüz yetmiş beş. **6.** Bu, yirmi beş milyar üç yüz yetmiş iki milyon beş yüz yetmiş iki bin dokuz yüz seksen yedi. (Merken Sie sich bei Hunderter-Zahlen: zwar zwei-, dreihundert etc. sagen, aber nicht **ein**hundert; 100 = *yüz*, nicht *bir yüz*.)

2. Welche Erwiderung passt? **1.** a (Für *ne kadar?* beim Einkaufen können Sie auch *kaça?* sagen.) **2.** b **3.** a **4.** a

3. In der Mehrzahl **1.** Bunlar daha güzel. **2.** Onlar daha üzgün. **3.** Şunlar onlardan daha pahalı. **4.** Şunlar daha yaşlı. **5.** Bunlar onlardan deli. **6.** Onlar şunlardan iyi.

4. Was wollen Sie kaufen? **1.** Güzel bir ev almak istiyorum. **2.** Pahalı bir cep telefonu almak istiyorum. **3.** Başka bir şey almak istiyorum. **4.** Türk malı almak istiyorum. **5.** Başka bir telefon kartı almak istiyorum. (*bir* hat auch die Funktion eines unbestimmten Artikels.) **6.** İki ucuz kot almak istiyorum.

5. Made in ...? **1.** b **2.** d **3.** e **4.** c **5.** a

B Übungen 6

1. Kann ich mal probieren? **1.** Şu gömleği deniyebilir miyim? **2.** Şu rengi deniyebilir miyim? **3.** Şu bedeni deniyebilir miyim? **4.** Şu işi deniyebilir miyim? **5.** Şu telefonu deniyebilir miyim? **6.** Şu şeyi deniyebilir miyim? (Selbst bei Speisen können Sie *denemek* sagen.)

2. Welche Erwiderung passt? **1.** b **2.** a (Oder vielleicht *lacivert* = dunkelblau, *açık mavi* = hellblau, *masmavi* = ganz und gar blau?) **3.** b **4.** b

3. Wie heißt das Gegenteil? **1.** c (Auch *yok* wird bisweilen wie nein benutzt.) **2.** f **3.** e **4.** b (Nicht selten steht *ufak* für klein.) **5.** a **6.** d (Na klar, Adam und Eva.)

4. Was fehlt? **1.** Bunu **2.** Seni **3.** Bunu **4.** Onu **5.** Sizi

A Übungen 7

1. Ich habe überhaupt kein ... **1.** Bozuk param hiç yok. **2.** Güzel arkadaşım hiç yok. **3.** Büyük zarfım hiç yok. **4.** Başka evim hiç yok. **5.** Mavi gömleğim hiç yok. **6.** Ucuz bir şeyim hiç yok.

2. Welche Erwiderung passt? **1.** a (Streng genommen bedeutet *bozdurmak* wechseln lassen; selbst wechseln heißt *bozmak*. Geld in kleinere Noten oder Münzen wechseln heißt ebenfalls *bozmak*; wörtlich: kaputt machen.) **2.** b **3.** b **4.** a

3. Wem gehört's? **1.** -ım **2.** -si **3.** -umuz **4.** -leri (ihre Häuser) oder -i (ihr Haus) **5.** Mesleğin **6.** -niz

4. Wie heißt's auf Türkisch? **1.** Bozuk param yok. **2.** Seksen beş Dolar bozdurmak istiyorum. **3.** Bugün güzel bir şey olsun. **4.** Cüzdanımda yer yok. **5.** Gömleğin yeşil olsun. (Oder vielleicht *yemyeşil* = grasgrün?) **6.** Eviniz güzel, fakat çok pahalı.

5. Welche Währung? **1.** c **2.** f **3.** b **4.** e **5.** d **6.** a

B Übungen 7

1. Dabei oder nicht dabei? **1.** Bütün param yanımda. **2.** Pasaportu yanında değil. **3.** Pasaportunuz yanınızda mı? **4.** Çek kartın yanında mı? **5.** Benim yanımda bir şey yok. **6.** Onun yanında Ayşe var.

2. Welche Erwiderung passt? **1.** a **2.** b (Wenn was alle ist, steht häufig *bitti.*) **3.** a (Als Ausländer sollten Sie Ihre Devisengeschäfte bei der *İş Bankası* tätigen. Als einzige Bank wechselt sie anstandslos auch Euroschecks.) **4.** a

3. Wessen ... ist das? **1.** Bu para benim. **2.** Bu pasaport sizin. **3.** Bu ev onun. **4.** Bu gömlek onun. **5.** Bu cüzdan senin. **6.** Bu telefon kartı sizin. (Oder bei allen Fragen: *hiç kimsenin* = niemandes.)

4. Was fehlt? **1.** bozdurmak 2. olur (Für Euro steht manchmal auch *Avru. Avrupa* = Europa.) **3.** para **4.** olmaz **5.** sadece

5. Wo drückt der Schuh? **1.** Neyi var? **2.** Neyin var? **3.** Neyiniz var? **4.** Neyim var? **5.** Neyimiz var? **6.** Neyi var? (Was haben sie?) oder Neleri var? (Was haben sie alles?)

A Übungen 8

1. Von wann bis wann? **1.** Saat beşten saat on yediye kadar. **2.** Saat ikiden saat dokuza kadar. **3.** Saat on ikiden saat on altıya kadar. **4.** Saat on üçten saat yirmi ikiye kadar. **5.** Saat sekizden saat on sekize kadar. **6.** Saat on birden saat bire kadar. **7.** Saat on üçten saat yirmi üçe kadar.

8. Saat altıdan saat ona kadar.

2. Welche Erwiderung passt? 1. a (*saat*, weil nichttürkisches Lehnwort, kann bei den Endungen sowohl *-i*, als auch *-ı* nach sich ziehen; bzw. *-te, -ten* oder *-ta, -tan.*) **2.** b **3.** a **4.** b

3. Bitte übersetzen Sie 1. Normal olarak gazeteci olarak çalışıyorum. **2.** Normal olarak telefonum bozuk. **3.** Normal olarak bu market saat yirmi bire kadar açık. **4.** Normal olarak bunu beğenmiyorum. **5.** Normal olarak saat sekizden saat yirmiye kadar çalışıyorum.

4. Welches Wort tanzt aus der Reihe? 1. sadece **2.** İzmir **3.** kot **4.** yakın (Vielleicht stutzen Sie hier? Tatsächlich lässt sich *yakın* auch zeitlich verwenden: *yakında* = bald.) **5.** zarf

5. Wie spät ist es? 1. Saat on beş yirmi beş **2.** Saat yedi kırk altı **3.** Saat on iki otuz **4.** Saat sekiz otuz **5.** Saat on dokuz on beş **6.** Saat yirmi üç otuz

8 Übungen B

1. Zwei Stück zu einsfuffzig 1. Bir buçukluk, oder: Bir ellilik iki tane verir misiniz? **2.** Üç yüz elli binlik beş tane verir misiniz? **3.** Yüz seksen dörtlük on tane verir misiniz? **4.** Dokuz bin dokuz yüz doksan dokuzluk doksan dokuz tane verir misiniz? **5.** Üç buçuk milyonluk üç tane verir misiniz? **6.** Kırk yedilik bir tane, on sekizlik iki tane verir misiniz? (Zählbegriffe wie *tane* müssen stehen, wenn sich die Zahl auf ein vorher genanntes Hauptwort bezieht. Weitere Zählwörter: *yudum* = Schluck, *lokma* = Bissen, *parça* = Teilstück, *adet* = Stückzahl.)

2. Welche Erwiderung passt? 1. b **2.** a **3.** b **4.** a

3. Für wen wollen Sie es kaufen? 1. Bunu evimiz için almak istiyorum. **2.** Bunu senin için almak istiyorum. **3.** Bunu sizin için almak istiyorum. **4.** Bunu Türkiye için almak istiyorum. **5.** Bunu onun için almak istiyorum. **6.** Bunu arkadaşı için almak istiyorum.

4. Simsala-lık 1. d **2.** e **3.** a **4.** b **5.** c (An Berufsbezeichnungen angehängt bildet das *lik*-Anhängsel abstrakte Begriffe für eine Beschäftigung: *gazeteci* + *-lik* = Journalismus.)

5. Was fehlt? 1. bana **2.** Benim **3.** Ben **4.** bunu **5.** Bana **6.** Bunun

T Test 2

1. Welche Antwort ist richtig? 1. b **2.** c **3.** b **4.** a **5.** c **6.** b

2. Fragen und Antworten 1. b **2.** d **3.** e **4.** f **5.** a **6.** c

3. Was fehlt? 1. c **2.** c **3.** c **4.** c **5.** a **6.** b

4. Wie heißt das auf Türkisch? 1. Pasaportunuz yanınızda mı? **2.** Arkadaşım için yüz elli Dolar bozdurmak istiyorum. **3.** Yarın telefon eder misiniz? **4.** Bunu almak istiyorum, fakat param kalmadı. **5.** Neyiniz var? Üzgün müsünüz? **6.** Buralarda postane var mı?

9 Übungen A

1. Das Teuerste, Schönste ... 1. En pahalısı otuz beş milyon Türk Lirası. **2.** En güzeli Bayan Monroe. **3.** En yaşlısı Salih dede. **4.** En ucuzu Crash Airways. **5.** En küçüğü benim. **6.** En delisi senin. (Wenn Sie das Bezugswort aussprechen wollen, müssen Sie diesem eine Wesfall-Endung verpassen: *gömleklerin en pahalısı* = das teuerste der Hemden. Siehe dazu auch Grammatik-Anhang!)

2. Welche Erwiderung passt? 1. a **2.** a **3.** a (Ulusoy hat hier keine Wesfall-Endung, weil es mit *bürosu* zusammen einen festen Begriff bildet.)

3. Bis ...? 1. Nereye kadar **2.** Saat kaça kadar (Bis zu welcher Zeit) **3.** Ne zamana kadar (Bis wann) **4.** Ne zamana kadar **5.** Nereye kadar **6.** Ayşe saat kaça kadar

4. Setzen Sie ein 1. sonra **2.** sonra **3.** önce **4.** sonra **5.** önce **6.** sonra (Ans Ende jedes Satzes gehört eigentlich noch ein *geliyor* = kommt.)

5. Ordnen Sie zu 1. c **2.** d **3.** e **4.** a **5.** b

1. Wann kommen wir an? 1. Trabzon'a varış saat on beş otuzda. **2.** Ankara'ya varış bu sabah saat yedide. **3.** Göreme'ye varış bu gece saat ikide. **4.** Van'a varış yarın akşam saat altı buçukta. **5.** Erzurum'a varış bu akşam saat on dokuzda. **6.** Bursa'ya varış öğleden sonra saat on dörtte. (Ungefähre Zeitauskünfte: *akşama doğru* = gegen Abend; *öğleye doğru* = gegen Mittag.)

2. Welche Erwiderung passt? 1. b **2.** a **3.** b **4.** b

3. Er, sie, es wird … 1. görüşecek **2.** alacak **3.** edecek **4.** çalışacak **5.** yapacak **6.** bitecek (Diese Zukunftsform, auch „bestimmte" genannt, findet nur bei völliger Gewissheit Anwendung. Steckte in jedem der Beispielsätze noch ein *belki* = vielleicht, käme die *r*-Gegenwart zum Zug: *Sevinç abla belki telefon eder.*)

4. Kuddelmuddel 1. Ulusoy arabası **2.** Cumhuriyet caddesi (Kleinere Straßen oder Gassen werden als *sokak* bezeichnet.) **3.** Türk Lirası (Früher stand die *Lira* zum *Kuruş* wie die Mark zum Pfennig. Die Inflation hat den *Kuruş* verschwinden lassen. Im Sprachgebrauch aber gibt es ihn noch, vor allem bei niedrigen Beträgen.) **4.** Cep telefonu **5.** Alman pasaportu **6.** Mektup zarfı

5. Was passt? 1. arabasında **2.** evine **3.** Kitaplığında **4.** bürosunda **5.** bürosuna **6.** (Wen-Fall)

1. Einmal im Jahr 1. Senede bir Türkiye'ye gidiyoruz. **2.** Senede bir gazeteci olarak çalışıyorum. **3.** Senede bir Ayşe'yle görüşüyorlar. **4.** Senede bir mektup yazıyorsun. **5.** Senede bir büronuza gidiyorsunuz. **6.** Senede bir bana telefon ediyor. (Die *yor*-Gegenwart wird hauptsächlich in der direkten Rede und in der persönlich gefärbten Schilderung verwendet.)

2. Welche Frage passt zur Antwort? 1. a **2.** b **3.** a

3. Was fehlt? 1. Mola veriyoruz. **2.** Şimdi biniyorsun. **3.** Sibel Peter'le görüşüyor. **4.** Bunu almak istiyorum **5.** Parkta geziyorlar. **6.** bu akşam ne yapıyorsunuz (Wählte man bei Satz 6 die *r*-Gegenwart, brächte man die Unbestimmtheit von Selmas Plänen zum Ausdruck: *Bu akşam ne yap**arsınız**?* = Was gedenken Sie heute abend vielleicht zu tun?)

4. Mit ... 1. İki hanımlı bir bey. **2.** Üç mektuplu bir zarf. **3.** Hangi numaralı perondan? **4.** Şu mavi gömlekli arkadaş kim? **5.** Rezervasyonlu bir yer yok. **6.** Paralı cüzdanım evde.

5. Ordnen Sie zu 1. d **2.** c **3.** b **4.** a (Die 40 drückt vor allem Dauer aus, im Guten wie im Schlechten: *Kırk saattır bekliyorum.* = Ich warte schon 40 Stunden = ewig.)

1. ... nicht, weil … 1. Görüşmüyoruz çünkü evi çok uzak. **2.** İnmiyorsun çünkü orada kalmak istemiyorsun. **3.** Bunu almıyorum çünkü param kalmadı. **4.** Gelmiyor çünkü arabada yer yok. **5.** Bu arabaya binmek istemiyorlar çünkü şoförü doksan dokuz yaşında. **6.** Bana mektup yazmıyorsunuz çünkü beni hiç beğenmiyorsunuz.

2. Welche Frage passt? 1. a (Alternative für neden: *niçin* = warum?) **2.** a **3.** a **4.** b

3. Setzen Sie ein (*gündür* heißt es übrigens, weil die Reihenfolge der Wochentage festgelegt, also nicht in Frage zu stellen ist. Nur dann tritt die ansonsten verzichtbare 3. Person des *sein*-Anhängsels in Erscheinung.) **1.** birinci **2.** beşinci **3.** ikinci **4.** dördüncü **5.** yedinci **6.** üçüncü **7.** altıncı **8.** Was meinen Sie?

4. Hier und dort 1. Buradan oraya gidiyorum. **2.** En güzel ev orada. **3.** Oradan çok yakın. **4.** Buraya gelelim. **5.** Burada kalmak istemiyorum. **6.** Buralardan geldi.

1. Woher? 1. Berlinliyim. **2.** İstanbulluyuz. **3.** Bursalıdır. **4.** Bingöllüsün. **5.** İzniklisiniz. **6.** Amerikalıyım. (Der Türke in Amerika wäre ein *Amerikalı*; der eigentliche Amerikaner ein *Amerikan.*)

2. Welche Erwiderung passt? 1. b **2.** b **3.** a (*Topkapı* – der Name des Sultanspalastes in Istanbul. In der Romanverfilmung aus den 60er-Jahren machen sich die Meisterdiebe Max Schell, Peter

Ustinov und Melina Mercouri an der Schatzkammer zu schaffen.) **4.** a

3. Was gibt es dort? **1.** Orada çıkılacak dağlar var. **2.** Amerika'da içilecek Whiskey var. (Hier im Sinne von „genießbar". Whiskey wird manchmal auch *Viski* geschrieben.) **3.** Paris'te gezilecek caddeler var. **4.** Büroda yapılacak iş var. **5.** Yanımda bakılacak bir şey var. **6.** Orada alınacak evler var.

4. Man **1.** Bu dağa çıkılır. **2.** Bu su içilir. **3.** Burada inilir. **4.** Oraya gidilir. **5.** Bu iş yapılır. **6.** Bu ev alınır.

5. Wie kommt man dorthin? **1.** Oraya otobüsle gidilir mi? **2.** Oraya arabayla gidilir mi? **3.** Oraya eşekle gidilir mi? **4.** Oraya dolmuşla gidilir mi? **5.** Oraya trenle gidilir mi? **6.** Oraya onunla gidilir mi? (Merke: Vor *ile, gibi* = wie, *için* = für steht – mit Ausnahme von *ne* – der Genitiv der Fürwörter: *benim ile* = mit mir, *kimin için* = für wen?, *senin gibi* = wie du.)

11 Übungen B

1. entweder ... oder **1.** Ya bugün, ya yarın gelecek. **2.** Ya saat on dokuzda, ya yirmi iki buçukta gelecek. **3.** Ya yaya, ya arabayla gelecek. **4.** Ya benimle, ya arkadaşıyla gelecek. **5.** Ya pazardan önce, ya pazardan sonra gelecek. **6.** Ya eve, ya durağa gelecek.

2. Welche Erwiderung passt? **1.** b **2.** a **3.** b **4.** a (Oder: *Yürüyerek de olur* = Zu Fuß, geht auch.)

3. Was muss man tun? **1.** Araba tutmanız lazım. **2.** Türkiye'ye gitmesi lazım. **3.** Güzel bir ev almamız lazım. **4.** Hemen kalkman lazım. **5.** Akşama kadar çalışmaları lazım. **6.** Babama bir mektup yazmam lazım. (Neutürkisch statt *lazım: gerekir*)

4. Ich brauche ... **1.** Bana güzel bir ev lazım. **2.** Ona genç bir arkadaş lazım. **3.** Onlara çok para lazım. **4.** Sana deli bir meslek lazım. **5.** Size iki kişilik bilet lazım. **6.** Bize pahalı bir araba lazım. (In alten Wörterbüchern werden lange Selbstlaute persischen und arabischen Ursprungs durch ^ gekennzeichnet: *lâzım)*

5. Was fehlt? **1.** zaman **2.** yerde **3.** şey **4.** gün **5.** saat **6.** hangi

12 Übungen A

1. Wohin fliegen Sie? **1.** TK bin yedi yüz yirmi üç ile Berlin'e uçuyorum. 2. TK bin beş yüz elli iki ile Antalya'ya uçuyorum. 3. TK iki yüz doksan üç ile Konya'ya uçuyorum. 4. TK elli dört ile Trabzon'a uçuyorum. 5. TK iki yüz seksen altı ile Bodrum'a uçuyorum. 6. TK bin sekiz yüz yirmi altı ile İzmir'e uçuyorum. (Auch bei Tausendern wird die Eins nicht genannt: 1800 = *bin sekiz yüz*, nicht *bir bin sekiz yüz*.)

2. Welche Erwiderung passt? **1.** a 2. a 3. b 4. b (*Bagaj*, bestehend aus *bavul* = Koffer, *çanta* = Reisetasche, *sırt çantası* = Rucksack, *çuval* = Reisesack.)

3. Wie lautet die Frage? **1.** Bütün gün evde oturuyorlar mı? **2.** Bu uçakla uçuyor musunuz? **3.** Ankara'da aktarma yapıyor musun? **4.** Araba (*otobüs* = Autobus) yirmi beş numaralı perondan kalkıyor mu? **5.** Saat ikide Sibel'le görüşüyor muyuz? **6.** Bir kişilik (Oder: *tek* = Einzel-) yer istiyor muyum?

4. Die richtige Reihenfolge **1.** TK altı yüz altmış üç Erzurum'dan Ankara'ya uçuyor. **2.** Bu araba Trabzon'a direkt gidiyor mu? **3.** Uçak otobüsden daha pahalı. **4.** TK bin iki yüz seksen dokuz zamanında kalkıyor. **5.** Koridorda oturmak istiyor musun?

5. Oder **1.** d **2.** a **3.** b **4.** c (Zur Verstärkung tritt manchmal noch *yoksa* hinzu: *Çalışmak mı yoksa oturmak mı güzel.*)

12 Übungen B

1. Was bedeutet das? **1.** Uçak „Flugzeug" demek. **2.** Uçak kalktı „Das Flugzeug ist gestartet" demek. **3.** Çeyrek „Viertel" demek. **4.** Evde olmam lazım „Ich muss zu Hause sein" demek. **5.** Uçak kaçırdık „Wir haben das Flugzeug verpasst" demek. **6.** Bir araba daha var „Es gibt noch einen Wagen" demek.

2. Welche Erwiderung passt? **1.** a (Saat dokuz kırkta.) **2.** a **3.** b (Saat dört kırk beşte demek.) **4.** a

3. Wie heißt das in der Vergangenheit? **1.** İzmir'e TK üç yüz otuz altı saat kaçta kalktı?

2. Zamanında geldiler. **3.** Biletinizi değiştirdim. **4.** Neden geç kaldın. **5.** Burada oturdunuz. **6.** Türkiye'ye gittik. (Das Türkische erlaubt auch viele Zeit-Kombinationen, um Feinheiten auszudrücken. So lassen sich *-yor*-Gegenwart und *-di*-Vergangenheit für Rahmenerzählungen verbinden: *Burada oturuyordunuz, Ali geldi.* = Ihr saßt hier, da kam Ali.)

4. Um wie viel Uhr? 1. saat on dörde yirmi beş kala **2.** saat bir buçukta **3.** saat dokuza yirmi sekiz kala **4.** saat yarımda **5.** saat yirmi dörde çeyrek kala **6.** saat on dokuz on üçte (Oder, wenn noch nicht gelernt: um 19.13 Uhr = *saat on dokuzu on üç geçe* = um dreizehn nach neunzehn Uhr.)

5. Was gehört zusammen? 1. c **2.** f **3.** e **4.** b **5.** d **6.** a

Test 3 T

1. Welche Antwort ist richtig? 1. b **2.** c **3.** a **4.** a **5.** b **6.** c

2. Fragen und Antworten 1. c **2.** d (Für Sibels Großeltern ein Grund, sich eben diesen Nachnamen zu wählen.) **3.** f **4.** e **5.** a **6.** b

3. Was fehlt? 1. b 2. c 3. b 4. c 5. a 6. c

4. Wie sagt man das auf Türkisch? 1. Almanım. Dortmundluyum. **2.** Arabamızı kaçırdık. **3.** İki parça daha var. **4.** Ne yapayım? Geç kalmak istemiyorum. **5.** Boş yer var mı? (Wenn nur ein einziger Platz gemeint wäre, müssten Sie *boş bir yer* sagen.) **6.** Saat on üç uçağında maalesef yer kalmadı.

A Übungen 13

1. Was gibt es alles? 1. Her çeşit kahvaltımız var. **2.** İki çeşit peynirimiz var. **3.** Beş çeşit çorbamız var. **4.** Altı çeşit ekmeğimiz var. **5.** Dört çeşit reçelimiz var. (Spezialität: *gül reçeli* = Rosenmarmelade.) **6.** Üç çeşit yumurta yemeğimiz var.

2. Welche Erwiderung passt? 1. a (*etmek* im Sinne von „machen" meist nur in stehenden Ausdrücken: *kahvaltı etmek* = frühstücken; dagegen: *kahvaltı yapmak* = Frühstück machen, vorbereiten.) **2.** a **3.** b

3. Und 1. Bu çay taze ve iyi. **2.** Arabam ve cep telefonum. (oder: *ile*) **3.** Bugün seninle ben (oder: *sen ve ben*) gidiyoruz. **4.** Postane yakın ve açık. **5.** Şunu ve bunu. (oder: *ile*) **6.** Bugün güzel ve deli bir hanım geldi.

4. Was fehlt? 1. – **2.** yer **3.** Tabii, arzu **4.** edilecek **5.** geldi, güzel **6.** kişilik, misiniz

5. Was gehört zusammen? 1. c (a ginge ebenfalls) **2.** d **3.** e **4.** a **5.** b

B Übungen 13

1. Lust auf … 1. Canımız gezmek istiyor. **2.** Canları kahvaltı etmek istiyor. **3.** Canın bir şey istemiyor. **4.** Canım haşlanmış yumurta istiyor. **5.** Canı sarmısaklı ekmek istiyor. **6.** Canınız ne istiyor?

2. Welche Erwiderung passt? 1. a **2.** b (Oder: *nefis* = köstlich, *acı* = scharf, *tuzlu* = salzig.) **3.** a (Oder: *yeter* = genug.) **4.** b

3. Mit oder ohne? 1. Susuz çorba olmaz. **2.** Sütsüz kaymak olmaz. **3.** Şekersiz Tiramisu olmaz. **4.** Lezzetsiz yemek olmaz. **5.** Kapısız ev olmaz.

4. Was passt zusammen? 1. e **2.** d **3.** b **4.** f **5.** c **6.** a (Außer *peynir* gibt es noch Hartkäsesorten, *kaşar* genannt.)

5. Einschränkungen 1. fakat fazla sıcak olmasın 2. fakat fazla deli olmasın 3. fakat fazla pahalı olmasın 4. fakat fazla şekerli olmasın 5. fakat fazla uzak olmasın 6. fakat fazla renkli olmasın (Oder: eine zu heiße Suppe = *aşırı sıcak bir çorba* = eine übertrieben heiße Suppe; *aşırı deli bir arkadaş* = ein übertrieben verrückter Freund.)

A Übungen 14

1. Wer war es? 1. Bunu ben yapmadım. Ayşe yaptı. **2.** Bunu ben yemedim. Siz yediniz. **3.** Şunu ben denemedim. Sen denedin. **4.** Şunu ben istemedim. Şirket istedi. **5.** Bunu ben tavsiye etmedim. Onlar tavsiye ettiler. **6.** Burada ben oturmadım. Biz oturduk.

2. Welche Erwiderung passt? 1. a **2.** b **3.** b **4.** a (Oder: *Acıktınız mı?* = Habt ihr Hunger?)

3. Wie heißt die Vergangenheitsform? **1.** verdim **2.** denedin **3.** içtik **4.** değiştirmedim **5.** gezmedik **6.** gelmediniz **7.** çıktı mı **8.** içtin mi

4. Auf Türkisch **1.** Pahalı bir arabam vardı. **2.** Yeni bir arkadaşı vardı. **3.** Paramız hiç yoktu. **4.** Evde telefonum yoktu. **5.** Üç parçanız vardı. **6.** Önce evi yoktu, sonra vardı. (Erinnern Sie sich an *olmak* = werden, geschehen? Wenden Sie es auch in der Vergangenheit an: *Paramız oldu* = Unser Geld ist geworden = Wir haben jetzt Geld [vorher nicht].)

5. Hungrig? **1.** Karnım hiç aç değil. (Oder: *Hiç acıkmadım.*) **2.** Karnın aç mı? (Oder: *Acıktın mı?*) **3.** Karnı çok aç galiba. **4.** Karnımız biraz aç. **5.** Karnınız ne kadar aç? **6.** Karnım boş.

14 Übungen B

1. Nun machen Sie mal **1.** Bir şey söyleyin bakalım. **2.** Bu tatlıyı deneyin bakalım. **3.** Bir çorba daha getirin bakalım. **4.** Uçağınızı kaçırmayın bakalım. **5.** Yanıma oturun bakalım. **6.** Yerinizi değiştirin bakalım. (Befehlsform auch bei *olmak: Sakin ol* = Beruhige dich. *Hasta olma* = Werde nicht krank. *İyi olun* = Werden Sie gesund/Werdet gesund.)

2. Welche Erwiderung passt? **1.** a **2.** b **3.** a **4.** b

3. Doppelmoppeln **1.** Ona para mara vermiyorum. **2.** Normal olarak kahvaltı mahvaltı etmiyorum. **3.** Bagajım magajım yok. **4.** Orada su mu içmeyin. **5.** Ali tatlı matlı beğenmiyor. **6.** Sigara migara içilir mi? (Auch die Unbestimmtheit von Eigenschaftswörtern lässt sich so ausdrücken: *soğuk moğuk* = wohl ziemlich kalt.)

4. Noch nicht **1.** Henüz almadım. (*Henüz aldım* = Ich hab's gerade eben gekauft.) **2.** Henüz değiştirmedim. (*Henüz değiştirdim* = Ich hab's gerade ändern lassen.) 3. Henüz denemedim. **4.** Henüz tutmadım. 5. Henüz çıkmadım. 6. Henüz kalkmadım.

5. Nicht mehr **1.** Artık almak istemiyorum. (*Artık aldım* = Ich hab's endlich gekauft.) **2.** Artık değiştirmek istemiyorum. (*Artık değiştirdim* = Ich hab's endlich ändern lassen.) **3.** Artık denemek istemiyorum. **4.** Artık tutmak istemiyorum. **5.** Artık çıkmak istemiyorum. **6.** Artık kalkmak istemiyorum.

15 Übungen A

1. Was arbeitet sie? **1.** Pideci olarak çalışıyor. **2.** Telefoncu olarak çalışıyor. **3.** Tuvaletçi olarak çalışıyor. **4.** Taksici olarak çalışıyor. **5.** Postacı olarak çalışıyor. **6.** Dağcı olarak çalışıyor. (Sie können als Zeitwort *yapmak* beibehalten, indem Sie die Berufsbezeichnung mit *-lik* abstrahieren: *pidecilik yapıyor* = sie betreibt Pide-Bäckerei, *dağcılık yapıyor* = sie macht Bergsteigerei, etc.)

2. Welche Erwiderung passt? **1.** a **2.** b **3.** a **4.** b

3. Können **1.** Sana nasıl telefon edebilirim? **2.** Durağa nasıl gidebilirim? **3.** Bu çorbayı nasıl içebiliriz? **4.** Öyle bir yer nasıl tavsiye edebilirsiniz? **5.** Bu saatta nasıl gelebilirsin? **6.** Ayşe'ye nasıl elli bin Dolar verebilir? (Der Einfachheit halber haben Sie hier als Endung *-ebil, -abil* gelernt. Aufgeschlüsselt handelt es sich dabei um *-e, -a* + den Stamm des Wortes *bilmek* = wissen, können. Merke *olmak: olabilir* = kann/mag sein.)

4. Dürfen **1.** Bunu yapabilir miyim? **2.** Bir şey sorabilir miyim? **3.** Biraz para alabilir miyim? **4.** Bir Cola içebilir miyiz? **5.** Yanınıza oturabilir mi? **6.** Biraz daha kalabilir miyiz?

5. Hungrig oder durstig? **1.** Karnım aç. Canım gözleme istiyor. **2.** Karnım aç. Canım menemen istiyor. **3.** Susadım. Canım ayran istiyor. **4.** Karnım aç. Canım baklava istiyor. **5.** Susadım. Canım çay istiyor. **6.** Karnım aç. Canım börek istiyor. **7.** Karnım aç. Canım köfte istiyor. **8.** Susadım. Canım portakal suyu istiyor. (Durst haben = *susamak*; Sie können es beugen wie jedes andere Zeitwort auch. Allerdings drückt augenblicklichen Durst nur die Vergangenheit aus, kommenden Durst die Gegenwart: *susarım* = ich werde Durst bekommen.)

15 Übungen B

1. Gefällt mir **1.** İstanbul hoşuma gidiyor. **2.** Fatma hoşuma gitmedi. **3.** Evimiz hoşunuza gittimi?

4. Şu kitab hoşuna gidiyor mu? **5.** Almanya hoşlarına gitmedi. **6.** Her şey hoşumuza gidiyor.

2. Welche Erwiderung passt? **1.** b **2.** a (Können Sie Ihre Spesen abrechnen? Dann verlangen Sie nicht nur eine *hesap*, sondern auch eine *fatura* = Rechnungsbeleg.) **3.** b (Das Gegenteil von *dahil: hariç* = ausschließlich.) **4.** a

3. Wie lautet die Entschuldigung? **1.** Affedersiniz **2.** Kusura bakma **3.** Affedersiniz **4.** Özür dilerim **5.** Kusura bakma **6.** Özür dilerim

4. Wie viel macht es? **1.** Toplam yedi yüz elli bin. **2.** Toplam beş yüz bin. **3.** Toplam bir milyon üç yüz bin. **4.** Toplam bir milyon sekiz yüz elli bin. (Wenn Sie noch *artı* = plus sagen wollen: *beş yüz* ***artı*** *iki yüz elli* ***eşit*** *yedi yüz elli* = 500 **plus** 250 **gleich** 750; oder: *yedi yüz elli* ***eksi*** *iki yüz elli* ***eşit*** *beş yüz* = 750 **minus** 250 **gleich** 500.)

5. Was passt zusammen? **1.** c **2.** d **3.** e (*yol* = Weg, *yolcu* = Reisender, *yolculuk* = Reise) **4.** a **5.** b

A Übungen 16

1. Alle **1.** Hepinizi unutmak istiyorum. **2.** Hepinize telefon ettim. **3.** Hepsini söyledim. **4.** Hepinize bir şey getirdim. **5.** Hepinizden memnunuz. **6.** Hepimize bir şey verdi. (Achten Sie auf den Unterschied zwischen *hepsi* und *her şey: hepsi* = alles – bezieht sich auf Personen oder Sachen, die bekannt sind; *her şey* = alles – wird absolut, ohne Bezug gebraucht, jedoch nur bei Sachen; für Personen sagt man in diesem Fall: *herkes* = jeder.)

2. Welche Erwiderung passt? **1.** b **2.** b **3.** a **4.** b

3. Sind Sie zufrieden? **1.** İşten memnun değilim. **2.** Her şeyden memnunum. **3.** Arabamızdan memnun değilim. **4.** Bu yazdan memnunum. **5.** Lokantadan memnun değilim. **6.** Şu arkadaştan memnunum.

4. Je **1.** Üçer rakı içtik. **2.** İkişer gözleme yedik. **3.** Altışar kitap aldık. **4.** Dörder parça verdik. **5.** Onar sigara içtik. **6.** Yedişer mektup yazdık. **7.** Birer saat mola verdik. **8.** Yirmişer Dolar bozdurduk. (Als Frage: *kaçar?* = wie viel jeweils?)

5. Was passt zusammen? **1.** d **2.** e **3.** a **4.** c **5.** b

B Übungen 16

1. Lasst es uns versuchen **1.** Haydi, Türkiye'ye gitmeye çalışalım. **2.** Haydi, sigarayı bırakmaya çalışalım. **3.** Haydi, üzgün olmamaya çalışalım. **4.** Haydi, yarın erken kalkmaya çalışalım. **5.** Haydi, uçağı kaçırmamaya çalışalım. **6.** Haydi, daha iyi olmaya çalışalım. (Streng genommen werden hier die Grundformen gebeugt: *gitmeye çalışmak* = versuchen zu gehen; *-ye*, manchmal auch *-ğe*, ist also Dativ-Endung.)

2. Welche Erwiderung passt? **1.** a (oder: *zararlı* = schädlich, ungesund) **2.** b **3.** b **4.** a

3. Wie lautet die Verneinung? **1.** Her şey yapamıyorum. **2.** Her yere gidemiyor. **3.** İkişer duble rakı içemiyoruz. **4.** Seni unutamıyorum. **5.** Sigarayı bırakamıyorsunuz. **6.** Burada para bozduramıyorsunuz. (Alternative: Verb-Grundform + *mümkün değil* = ist unmöglich; *seni unutmak mümkün değil* = dich vergessen geht nicht.)

4. Was passt zusammen? **1.** c **2.** d **3.** e **4.** f **5.** g (f ginge auch) **6.** a **7.** b

Test 4 T

1. Welche Antwort ist richtig? **1.** b **2.** c **3.** c (Natürlich kann man *sade* = pur auf alles Mögliche anwenden.) **4.** c **5.** c (Und nicht nur einem Koch; allen, die mit der Hand etwas zustande bringen, beispielsweise einem Musiker.) **6.** a

2. Fragen und Antworten (*sağ ol* = danke, *sağ olun* = danke Ihnen/euch) **1.** c **2.** d **3.** e **4.** f **5.** b **6.** a

3. Was fehlt? **1.** c **2.** c **3.** b (Und zwar nicht jedes x-beliebige; ein hohes schmales, beim etwas pathetischen Anstoßen auch *kadeh* genannt.) **4.** c **5.** b **6.** c

4. Wie sagt man das auf Türkisch? **1.** Ne tavsiye edersiniz? (höfliche Form durch *r*-Gegenwart) **2.** Biraz daha ekmek getirebilir misiniz? **3.** Bugün canım sütlü çay istiyor. **4.** Tavuk göğsü hiç denediniz mi? („mal" hier durch *hiç* ausgedrückt) **5.** Yarın gelebilir miyim? **6.** Eskiden rakıyı beğendim, şimdi rakıyı bıraktım.

17 Übungen A

1. Keine Zeit **1.** Zamanım yok, derse çalışıyorum. **2.** Zamanımız yok, Ayşe'yi bekliyoruz. **3.** Zamanı yok, yemek yiyor. **4.** Zamanım yok, denize gidiyorum. **5.** Zamanınız yok, çok meşgulsunuz. **6.** Zamanın yok, bir saat sonra uçağın kalkacak. (Nicht selten auch: *vaktim yok* = ich habe keine Zeit.)

2. Welche Erwiderung passt? **1.** a (*meşgul etmek* = j-n in der Arbeit aufhalten) **2.** b **3.** b **4.** a

3. Wer kann was? **1.** İngiliz, İngilizce biliyor. **2.** Türk, Türkçe biliyor. **3.** Alman, Almanca biliyor. **4.** Fransız, Fransızca biliyor. **5.** Arap, Arapça biliyor. **6.** Tarzan, Tarzanca biliyor. (Ein anderer Ausdruck für radebrechen: *çat pat. Çat pat Türkçe konuşuyor* = Er radebrecht Türkisch.)

4. Ergänzen Sie **1.** İçerde oturalım. **2.** İçeriye gel. **3.** Dışarıya bak. **4.** Şunu dışarıdan içeriye getirin. **5.** Dışarıda yer yok. **6.** İçerden hiç çıkmıyor.

5. Richtig oder falsch? **1.** Bence doğru. **2.** Bence doğru. **3.** Bence doğru değil. (Oder: *Bence yanlış* = Meiner Meinung nach falsch.) **4.** Bence doğru değil. **5.** Bence doğru. **6.** Bence doğru değil.

17 Übungen B

1. Wie machten wir das? **1.** Telefon ederek görüştük. **2.** Koşarak suya girdik. **3.** Yüzerek eve geldik. **4.** Rakı içerek sarhoş olduk. **5.** Kitap okuyarak bekledik. **6.** Şunu istemeyerek aldık.

2. Welche Erwiderung passt? **1.** b **2.** b **3.** a (Verdoppeln, um Adverben zu bilden, kann man Eigenschaftsworte: *yavaş* = langsam – *yavaş yavaş çalışıyor* = er arbeitet umsichtig, *uzun* = lang – *uzun uzun konuşuyor* = er spricht ausführlich; jedoch auch Hauptworte: *halka* = Ring – *elmayı halka halka doğra* = schneide den Apfel in Ringe.) **4.** a

3. Dazu nicht imstande sein **1.** Mustafa, özür dilemeyi bilmiyor. **2.** Mustafa, soru sormayı bilmiyor. **3.** Mustafa, yalnız tuvalete gitmeyi bilmiyor. **4.** Mustafa, denizde yüzmeyi bilmiyor. **5.** Mustafa, derse çalışmayı bilmiyor. **6.** Mustafa, zamanında gelmeyi bilmiyor. (Beugung der Zeitwortgrundformen: *-yi, -yı* = Wenfall-Endung.)

4. Wie schafft man was? **1.** c **2.** d **3.** e **4.** f (In ländlichen Gebieten ist *taksi* oft ein Synonym für PKW.) **5.** b **6.** a

5. Wie lautet das Gegenteil? **1.** b **2.** c **3.** d (Wenn *boş* = leer, dann Gegenteil *dolu* = voll.) **4.** a

18 Übungen A

1. Was soll ich tun? **1.** Derse çalışayım mı? **2.** Bir çay daha içeyim mi? **3.** Oruç tutayım mı? (Der fromme Muslim fastet im *Ramazan,* dem Fastenmonat, zwischen Sonnenauf- und -untergang.) **4.** Sibel'le evleneyim mi? **5.** Suya gireyim mi? **6.** Biraz daha bekleyeyim mi?

2. Welche Erwiderung passt? **1.** a **2.** b **3.** a **4.** a

3. Wählen Sie das passende Wort **1.** Evlensin **2.** Girsin. **3.** Okusun. **4.** Yemesin. **5.** Bıraksın. **6.** İçsin.

4. Das rechte Wort zur rechten Zeit **1.** c (Weltliche Türken sagen eher: *Tebrikler* = Glückwünsche.) **2.** e (oder: *iyi geceler* = gute Nacht) **3.** f **4.** h (oder: *hayırlı olsun* = gutes Gelingen) **5.** g **6.** b (*Sıhhatlar olsun* heißt es auch nach *berber* oder *hamam* = Schwitzbad.) **7.** a (oder: *iyi bayramlar* = schöne Feiertage) **8.** d (Weitere Formeln: nach neuen Kleidern: *güle güle giyin* = viel Spaß beim Tragen; bei einer neuen Wohnung: *güle güle oturun* = viel Spaß beim Wohnen.)

5. Gibt's das auch in Deutschland? **1.** Bizde de var. **2.** Bizde de var. **3.** Bizde yok. **4.** Bizde yok. **5.** Bizde de var. **6.** Bizde yok.

18 Übungen B

1. Weil **1.** Karnı bozuk diye yemek yemiyor. (Bei einigen Wörtern entfällt der letzte Selbstlaut, sobald eine vokalisch anlautende Endung angefügt wird: *karın* = der Bauch, Leib – *karnı* = sein

Bauch; *vakit* = die Zeit – *vaktim yok* = ich habe keine Zeit.) **2.** Soğuk diye denize girmiyor. **3.** Nazar diye mavi boncuk takıyor. **4.** Lezzetli diye bir porsiyon daha istiyor. **5.** Güzel değil diye bu kotu almıyor. **6.** Kolay değil diye Türkçe öğrenemiyor.

2. Welche Erwiderung passt? **1.** b **2.** a (Alternative zu *mesela: örneğin* = zum Beispiel.) **3.** a **4.** b

3. Damit ... **1.** gelsin diye **2.** doysun diye **3.** üzgün olmasın diye **4.** Türkiye'ye gidelim diye **5.** pahalı olmasın diye **6.** bıraksın diye (*diye* = sagend, von *demek* abgeleitet, deutet auch den Abschluss der direkten Rede an: *Hava güzel diye söyler.* = Er sagt: Das Wetter ist schön.)

4. Auf Türkisch **1.** Dışarıda Ali diye bir bey bekliyor. **2.** Boş ver diye gitti. **3.** Meze yiyeyim diye meyhaneye gidiyor. **4.** Sorayım mı? **5.** İlginç diye bu kitabı aldım. **6.** Uğurlu olsun.

A Übungen 19

1. Wie fühlen Sie sich? **1.** Kendimi yaşlı hissediyorum. **2.** Kendimi yalnız hissediyorum. **3.** Kendimi rahatsız hissediyorum. **4.** Kendimi kötü hissediyorum. (Wenn es die Seele ist, sagt man: *Moralım bozuk.* = Meine Moral ist kaputt. = Ich bin niedergeschlagen.) **5.** Kendimi iyi hissediyorum. **6.** Kendimi harika hissediyorum.

2. Welche Erwiderung passt? (Ein Sessel z. B. kann *rahat* = bequem sein. So auch die Frage, an den, der Platz genommen hat: *Rahat mısın?* = Sitzt du bequem? Weitere wichtige Vokabel: *rahatsız etmek* = stören.) **1.** a **2.** b **3.** a

3. Antworten Sie **1.** Bu evi kendim yaptım. **2.** Hastanesinde kendisi çalışıyor. **3.** Bunu kendimiz istedik. **4.** Rakıyı kendin içtin. **5.** Bunu kendiniz söylediniz. **6.** Oraya kendim gittim.

4. Nötig oder nicht nötig? **1.** Lüzum var. **2.** Lüzum var. **3.** Lüzum yok. **4.** Lüzum yok. **5.** Lüzum yok. **6.** Lüzum var.

5. Drücken Sie es kürzer aus **1.** Onca Türkçe kolay değil. **2.** Bence Doktor Lokman harika bir doktor. **3.** Sence nazar diye bir şey yok. **4.** Bizce bu lokanta çok pahalı. **5.** Bence kendi evim daha güzel. **6.** Sizce her şey kötü. (Alternative: *-e/-a göre* = gemäß – *Peter'**e göre** Türkçe kolay değil.* = Peter zufolge ist Türkisch nicht leicht.)

B Übungen 19

1. Was hat er? **1.** Midesi bulanıyor. (Ferner: *kusma* = Erbrechen) **2.** Ateşi var. **3.** Canı sıkılıyor. **4.** İshal oldu. **5.** Yarası var. (Ferner: *kanıyor* = es blutet) **6.** Her tarafı acıyor.

2. Welche Erwiderung passt? **1.** a **2.** a **3.** b **4.** b

3. Was sagt wer? **1.** c (Ältere sagen manchmal noch *hekim* = Arzt.) **2.** d **3.** e **4.** f **5.** a **6.** b

4. Wer ist zuständig? **1.** c (Gut übersetzen heißt eben häufig: gut übertragen. *Hesap kime ait?* = Wer übernimmt die Rechnung?) **2.** e (*„Olmak veya olmamak" diye kime ait?* = Von wem stammt „Sein oder Nichtsein"?) **3.** f (*Bu mektup kime ait?*) **4.** b (*Bu problem kime ait?*) **5.** a (*Bu iş kime ait?*) **6.** d (*En güzel ev kime ait?*)

5. Wie ärgerlich **1.** Canım sıkılıyor çünkü arkadaşım yok. **2.** Canım sıkılıyor çünkü kitabım yok. **3.** Canım sıkılıyor çünkü hastayım. **4.** Canım sıkılıyor çünkü yüzmeyi bilmiyorum. **5.** Canım sıkılıyor çünkü dışarıya çıkamıyorum. **6.** Canım sıkılıyor çünkü öğretmenim benden memnun değil.

A Übungen 20

1. Gut, dass wir ... (Das Partikelchen *ki* stammt aus dem Persischen. Das Persische kennt dass-Konstruktionen, während sie dem Türkischen eigentlich fremd sind. Diese Anleihe aus indoeuropäischen Sprachen wird folglich im anspruchsvollen Hochtürkisch vermieden.) **1.** İyi ki tanıştık. **2.** İyi ki görüştük. **3.** İyi ki hasta olmadık. **4.** İyi ki doktora göründük. **5.** İyi ki dışarıya çıktık. **6.** İyi ki sigarayı bıraktık.

2. Welche Erwiderung passt? **1.** b **2.** b **3.** a **4.** b

3. Was kommt danach? **1.** mayıs, haziran, temmuz **2.** ocak şubat, mart **3.** aralık, ocak, şubat

4. temmuz, ağustos, eylül **5.** eylül, ekim, kasım **6.** mart, nisan, mayıs (In ländlichen Gegenden werden die Monate oft nicht beim Namen genannt. Statt dessen spricht man beim Januar vom *birinci ay* = ersten Monat, beim Februar vom *ikinci ay* = zweiten Monat usw.)

4. Wann sehen wir uns wieder? 1. Gelecek pazartesi günü görüşürüz. **2.** Seneye (oder *gelecek sene*) ilkbaharda görüşürüz. **3.** Öbür gün saat ikide görüşürüz. **4.** Gelecek çarşamba günü görüşürüz. **5.** Haftaya (oder gelecek hafta) cuma günü görüşürüz. **6.** Pazar günü saat on dokuzda görüşürüz. (Wenn Sie gar nicht wollen: *Hiç bir zaman.* = Niemals.)

5. Schmeicheln 1. Babacığım, biraz para verir misin? **2.** Teyzeciğim, postane nerede? **3.** Sibelciğim, telefon numaranı söyler misin? **4.** Turgutçuğum, üzgün olma. **5.** Anneciğim, bayram kutlu olsun. **6.** Sevgiliciğim, hep beraber olalım. (Man nennt diesen Umgangston auch *tatlı dil* = süße Sprache/Zunge.)

20 Übungen B

1. Wer wird kommen? 1. Peter seneye gelecek. **2.** Doktor az sonra gelecek. **3.** Biz perşembe günü geleceğiz. **4.** Sen haftaya geleceksin. **5.** Siz yalnız geleceksiniz. **6.** Ben Ali'yle geleceğim.

2. Welche Erwiderung passt? 1. a (Wortbildungsanhängsel *-leş/-laş* in *haber**leş**mek, veda**laş**mak* bildet Zeitwörter, die meist ein Werden oder eine Entwicklung bezeichnen.) **2.** a **3.** b **4.** b

3. Sobald 1. Eve dönünce telefon et. **2.** Arkadaşları görünce selam söyle. **3.** Türkçe öğrenince Türkiye'ye gel. **4.** Fatma'yla görüşünce telefon numarasını sor. **5.** Fazla yemek yeyince rakı iç. **6.** Arabaya binince sigara içme. (*-ince* gehört wie *erek/-arak* zu der für das Türkische typischen Gruppe der Verbaladverbien, die – an Zeitwortstämme angehängt – verschiedene Beziehungen, so der Gleichzeitigkeit, der Art und Weise etc. ausdrücken. Siehe auch Grammatik im Anhang.)

4. Was fehlt? 1. d **2.** a **3.** f **4.** e **5.** b **6.** c

5. Begrüßung – Abschied Begrüßungsformeln: 2., 3., 5., 7., 10., 11. Abschiedsformeln: 1., 4., 6., 8., 9., 12.

T Test 5

1. Welche Antwort ist richtig? 1. b **2.** b **3.** a **4.** a **5.** a (In der islamischen Welt ist dabei allerdings nicht von Isaak, dem Sohn Sarahs, die Rede, sondern von Ismail, dem Sohn Hagars. Die Araber betrachten Ismail als ihren Stammvater.) **6.** c

2. Fragen und Antworten 1. f **2.** d **3.** a **4.** b **5.** c **6.** e

3. Was fehlt? 1. b **2.** a **3.** b **4.** c **5.** b **6.** a

4. Wie sagt man das auf Türkisch? 1. Buram çok acıyor. **2.** Dışarıda Hacı Halef Omar diye bir bey (Herr = *bey*, allgemein Mann = *adam*) bekliyor. **3.** Bunu kendim gördüm. **4.** Pazar günü kiliseye (*kilise* von griechisch *ekklesia*) gideceğim. **5.** Çok derse calışarak Türkçe öğrendim. **6.** Şimdi vedalaşmamız lazım. (Agatha Christies Krimi über einen „Mord im Orientexpress" auf der Strecke London – Istanbul zählt zu den Klassikern des Genres. Natürlich können Sie zur Einstimmung auch Yaşar Kemals „Mehmet mein Falke" lesen oder, wer es nostalgisch mag, Helmuth von Moltkes Reiseerinnerungen aus dem letzten Jahrhundert „Unter dem Halbmond".)

Kurzgrammatik

söyleniş Aussprache

Seit dem 3. November 1928 wird das Türkische nicht mehr mit arabischen, sondern mit lateinischen Buchstaben geschrieben. Jeder Buchstabe steht für einen bestimmten Laut:

A a	meistens kurz und dunkel wie in „Stadt“
B b	wie im Deutschen
C c	stimmhaftes dsch wie in „Dschungel“, aber mit sehr weichem sch
Ç ç	stimmloses tsch wie in „deutsch“
D d	wie im Deutschen
E e	meistens offener als im Deutschen, eher wie kurzes ä
F f	wie im Deutschen
G g	ähnlich wie im Deutschen
Ğ ğ	Funktion ähnlich wie h in „Sahne“: dehnt den voraus gehenden Selbstlaut
H h	fast immer deutlich hörbar; am Silbenende wie ein schwaches ch
I ı	dumpfer, rasch abfallender Laut wie e in „bitte“
İ i	kurz, wie im Deutschen
J j	wie j in „Journal“
K k	wie kh; außerdem etwas weiter hinten am Gaumen gebildet als im Deutschen
L l	manchmal dunkel wie im Englischen
M m	wie im Deutschen
N n	wie im Deutschen
O o	kurz und offen
Ö ö	kurz und offen
P p	wie im Deutschen
R r	Wortanfang und -inneres: gerollt; Wortende: stimmlos
S s	scharfes s wie in „essen“
Ş ş	wie deutsches sch
T t	wie im Deutschen
U u	kurz und offen
Ü ü	kurz und offen
V v	wie deutsches w in „Wagen“
Y y	wie deutsches j in „Kajüte“
Z z	wie deutsches s in „Rose“

Stehen zwei Selbstlaute nebeneinander wie in *saat* (= Uhr, Zeit), so wird der zweite Selbstlaut mit Stimmansatz gesprochen. Siehe das deutsche „Be'amter“.

vurgu Betonung

Im Türkischen liegt die Betonung nicht so sehr auf einer Silbe, sondern wird gleichmäßig über alle Silben verteilt. Ausnahmen sind zusammengesetzte Wörter (Hauptton auf dem ersten Wort) und Ortsnamen (Hauptton häufig auf der ersten Silbe).

ünlü Selbstlaut

Die acht Selbstlaute des Türkischen bilden zwei Gruppen:

vordere Selbstlaute	*e – i – ö – ü*
hintere Selbstlaute	*a – ı – o – u*

In der Regel stecken in jedem Wort nur Selbstlaute aus jeweils einer Gruppe. Diese so genannte Selbstlautharmonie gilt auch für Anhängsel und Endungen. Der letzte Selbstlaut des Wortes, an das angehängt wird, entscheidet.

	auf	folgt im Anhängsel
Kleine Selbstlautharmonie	*e, i, ö, ü*	*e*
	a, ı, o, u	*a*
Große Selbstlautharmonie	*e, i*	*i*
	ö, ü	*ü*
	a, ı	*ı*
	o, u	*u*

ünsüz Mitlaut

Im Auslaut türkischer Wörter stehen in der Regel stimmlose Mitlaute wie *p, ç, t, k*. Diese werden meistens stimmhaft (*b, c, d, ğ*), sobald ein mit einem Selbstlaut beginnendes Anhängsel an das Wort tritt.

*kita**p*** (= Buch)	*kita-**b**-ım* (= mein Buch)
*ağa**ç*** (= Baum)	*ağa-**c**-**a*** (= zum Baum)
*kili**t*** (= Türschloss)	*kili-**d**-im* (= mein Schloss)
*yeme**k*** (= Essen)	*yeme-**ğ**-**e*** (= zum Essen)

sözdizimi Satzlehre

Im Allgemeinen gilt die Reihenfolge Satzgegenstand – Satzergänzung – Satzaussage.

Ben	*bugün*	*senden*	*bunu*	*alacağım.*
Ich	heute	von dir	dieses	werde nehmen.

Satzglieder, die besonders hervorzuheben sind, können vor die Satzaussage gerückt werden.

soru sözcüğü Fragewort

Fragewörter stehen bei normaler Satzstellung am Ende des Satzes vor dem Zeitwort.

*O **kim**?*	Wer ist das?
***Kim** geldi?*	Wer ist gekommen?
Hava nasıl?	Wie ist das Wetter?
*Sen bugün **ne** aldın?*	Was hast du heute gekauft?

Eine Sonderstellung nimmt *nerede?* (= wo?) ein. Es steht am Ende, wenn etwas Bestimmtes erfragt wird, jedoch am Anfang, wenn ein unbestimmter Begriff erfragt werden soll.

*Mustafa **nerede**?*	Wo ist Mustafa
***Nerede** bir lokanta var?*	Wo gibt es (hier) ein Restaurant?

çogul — Mehrzahl

Wird nach den Regeln der kleinen Selbstlautharmonie mit den Anhängseln *-ler*/*-lar* gebildet.

Türk	*Türk-**ler*** (= die Türken)
Alman	*Alman-**lar*** (= die Deutschen)

Die Anhängsel *-ler*/*-lar* entfallen, wenn vor dem Hauptwort eine Mengenangabe steht.

kaç *kitap?*	wie viele Bücher?
iki *kitap*	zwei Bücher

ek — Anhängsel

-ce, -ca

Macht aus dem Namen für ein Land oder seine Bewohner die Bezeichnung für deren Sprache.

Türk	*Türk-**çe*** (= Türkisch)
Alman	*Alman-**ca*** (= Deutsch)

-li, -lü, -lı, -lu

Angehängt an Orts- oder Ländernamen bezeichnet es deren Bewohner.

Münih (= München)	*Münih-**li*** (= Münchner)
Amerika (= Amerika)	*Amerika-**lı*** (= Amerikaner)

Angehängt an Hauptworte bildet es Eigenschaftsworte

biber (= Pfeffer)	*biber-**li*** (= pfeffrig)
tuz (= Salz)	*tuz-**lu*** (= salzig)

-siz, -süz, -sız, -suz

Angehängt an Hauptworte bedeutet es „ohne“.

biber (= Pfeffer)	*biber-**siz*** (= ohne Pfeffer)
tuz (= Salz)	*tuz-**suz*** (= ohne Salz)

-ci, -cü, -cı, -cu

Angehängt an Hauptworte bildet es Bezeichnungen für Vertreter eines Berufes oder einer Beschäftigung.

posta (= Post)	*posta-**cı*** (= Postbote)
iş (= Arbeit)	*iş-**çi*** (= Arbeiter)

adıl — Fürwort

	persönlich	Wemfall	Wenfall	besitzanzeigend
1. Person Einzahl	*ben* (= ich)	*bana* (= mir)	*beni* (= mich)	*benim* (= mein)
2. Person	*sen*	*sana*	*seni*	*senin*
3. Person	*o*	*ona*	*onu*	*onun*
1. Person Mehrzahl	*biz*	*bize*	*bizi*	*bizim*
2. Person	*siz*	*size*	*sizi*	*sizin*
3. Person	*onlar*	*onlara*	*onları*	*onların*

iyelik eki besitzanzeigende Endung

Die besitzanzeigenden Fürwörter mein, dein, sein etc. – sofern noch zusätzlich erwähnt – dienen der besonderen Hervorhebung.

	nach Mitlaut	nach Selbstlaut	Ausnahme: *su* (= Wasser)
mein	*-im, -üm,* *-ım, um*	*-m*	***suyum***
dein	*-in, -ün,* *-ın, -un*	*-n*	***suyun***
sein, ihr	*-i, -ü, -ı, -u*	*-si, -sü, -sı, -su*	***suyu***
unser	*-imiz, -ümüz,* *-ımız, -umuz*	*-miz, -müz,* *-mız, -muz*	***suyumuz***
euer, Ihr	*-iniz, -ünüz,* *-ınız, -unuz*	*-niz, -nüz,* *-nız, -nuz*	***suyunuz***
ihr	*-leri, -ları*	*-leri, -ları*	***suları***

ad çekimi Beugung des Hauptwortes

Auch die Beugung des Hauptwortes erfolgt über Anhängsel. Zu den im Deutschen bekannten vier Fällen (Werfall, Wesfall, Wemfall, Wenfall) treten im Türkischen noch der Ortsfall (entspricht den deutschen Verhältniswörtern in, an, auf, bei) sowie der Ableitungsfall (steht für die deutschen Verhältniswörter von, aus) hinzu. Der Wemfall antwortet zudem auf die Fragen *nereye?* (= wohin?), *kime?* (= zu wem?), *neye?* (= wozu?).

	nach Mitlaut	nach Selbstlaut
Grundform	*eş* (= Ehepartner, -in)	*amca* (= Onkel)
Wesfall	*-in, -ün, -ın, -un*	*-nin, -nün, -nın, -nun*
	*eş**in*** (= des Partners)	*amca**nın*** (= des Onkels)
Wemfall	*-e, -a*	*-ye, -ya*
	*eş**e*** (= dem Partner)	*amca**ya*** (= dem Onkel)
Wenfall	*-i, -ü, -ı, -u*	*-yi, -yü, -yı, -yu*
	*eş**i*** (= den Partner)	*amca**yı*** (= den Onkel)
Ortsfall	*-de, -da*	*-de, -da*
	*eş**te*** (= beim Partner)	*amca**da*** (= beim Onkel)
Ableitungsfall	*-den, -dan*	*-den, -dan*
	*eş**ten*** (= vom Partner)	*amca**dan*** (= vom Onkel)

Achtung bei Orts- und Ableitungsfall: Anhängsel, die mit *c-* oder *d-* anlauten, verändern diese in *-ç* und *-t*, wenn sie an Wörter treten, die auf einen stimmlosen Mitlaut *(p, ç, t, k, f, ş, s, h)* auslauten!

-in eki Wesfall

Wer oder was etwas besitzt, wird mit dem Wesfall-Anhängsel gekennzeichnet und dem Besitzgegenstand vorangestellt. Dieser erhält das besitzanzeigende Anhängsel der dritten Person.

Besitzender + *-in eki*	Besitzgegenstand + *iyelik eki* der 3. Person	
ev (= Haus) + ***-in***	*kapı* (= Tür) + ***-sı***	die Tür des Hauses

Dieselbe Konstruktion auch bei mehreren Anhängseln in Folge.

*evim-**in*** (= meines Hauses)	*kapısı*	die Tür meines Hauses

Unterschieden wird außerdem zwischen festen (a) und losen (b) Wesfall-Verbindungen. Bei der festen Wortverbindung z. B. stehender Ausdrücke fehlt das Wesfall-Anhängsel.

a) *Türkiye* (= Türkei)	*cumhuriyet* (= Republik) + ***-i***	Republik Türkei
b) *Türkiye'* + ***-nin***	*dost* + ***-u***	der Freund der Türkei

yardımcı fiil Hilfszeitwort

haben

Ein dem deutschen „haben“ vergleichbares Wort fehlt. Das Türkische umschreibt es mit *var* (= es gibt), *yok* (= es gibt nicht) sowie der Wesfall-Konstruktion.

Besitzender + *-in eki*	Besitzgegenstand + *iyelik eki* + *var/yok*	
Ayşe' + ***-nin***	*ev* (= Haus) + ***-i*** + ***var***	Ayşe hat ein Haus
ben + ***-im***	*ev* + ***-im*** + ***yok***	ich habe kein Haus

sein

Das deutsche Hilfszeitwort „sein“ ist im Türkischen eine unbetonte Endung, die der großen Selbstlautharmonie unterliegt. „Sein“ hat keine Zukunftsform. Dazu wird das Hilfszeitwort *olmak* eingesetzt.

-(y)im, -(y)üm, -(y)ım, -(y)um	*güzel-**im***	**ich bin** schön
-sin, -sün, -sın, -sun	*üzgün-**sün***	**du bist** traurig
-dir, -dür, -dır, -dur	*aptal-**dır***	**er ist** dumm
-(y)iz, -(y)üz, -(yız), -(y)uz	*deli-**yiz***	**wir sind** verrückt
-siniz, -sünüz, -sınız, -sunuz	*tok-**sunuz***	**ihr seid** satt
-dirler, -dürler, -dırlar, -durlar	*İzmir'de**dirler***	**sie sind** in Izmir

Verneint wird mit *değil*

güzel ***değilim***	**ich bin nicht** schön
deli ***değiliz***	**wir sind nicht** verrückt

fiil Zeitwort

Die Grundform des Zeitworts besteht aus einem Stamm und dem Anhängsel *-mek, -mak*. Durch besondere Endungen (a) lassen sich Zeitwortstämme auch aus Eigenschafts- oder Hauptwörtern bilden. Außerdem kann man Zeitwörter durch Weglassen des Auslautes *-k* (b) in Hauptwörter umwandeln.

a) *imza* (= Unterschrift) + *-la*	*imza**lamak*** (= unterschreiben)
b) *konuşmak* (= sprechen) minus *-k*	*konuşma* (= das Sprechen, die Rede)

emir kipi Befehlsform

Der Zeitwortstamm ist gleichzeitig die Befehlsform der zweiten Person Einzahl.

Grundform	Stamm = Befehlsform	
bakmak (= schauen)	***bak***	schau

Für die zweite Person Mehrzahl gibt es zwei Formen: Eine kürzere *(-in, -ün, -ın, -un)*, eher salopp oder amtlich; eine längere *(-iniz, -ünüz, -ınız, -unuz)*, die als höflicher gilt.

bakmak (= schauen)	*bak-**ın***	schaut, schauen Sie
	*bak-**ınız***	schaut/schauen Sie bitte

Verneint wird durch immer unbetontes *-me, -ma.*

bakmak (= schauen)	*bak-**ma***	schau **nicht**
	*bak-**mayın***	schaut **nicht**
	*bak-**mayınız***	schauen Sie bitte **nicht**

istek kipi Wunschform

	Aufforderung	Frage
1. Person Einzahl	*-(y)eyim, -(y)ayım*	*+ mi, mı*
3. Person Einzahl	*-sin, -sün, -sın, -sun*	*+ mi, mü, mı, mu*
1. Person Mehrzahl	*-(y)elim, -(y)alım*	*+ mi, mı*
3. Person Mehrzahl	*-sin/-sün-ler, -sın/-sun-lar*	*+ mi, mü, mı, mu*

*çay iç-**eyim*** (= **ich will mal** Tee trinken)	*çay iç**eyim mi**?* (= **soll ich** Tee trinken?)
*çay iç-**sin*** (= er, sie, es **soll** Tee trinken)	*çay iç**sin mi**?* (= **soll** er Tee trinken?)
*çay iç-**elim*** (= **lasst uns** Tee trinken)	*çay iç**elim mi**?* (= **wollen wir** Tee trinken?)
*çay iç-**sinler*** (= sie **sollen** Tee trinken)	*çay iç**sinler mi**?* (= **sollen sie** Tee trinken?)

şimdiki zaman *yor*-Gegenwart

Hat persönlichen, subjektiven Charakter. Endet der Zeitwortstamm auf einen Mitlaut, wird ein *-i, -ü, -ı, -u* vor das Gegenwartsanhängsel *-yor* geschoben. Danach folgen die Endungen für „sein“.

Stamm	bejaht	verneint	fragend
gel-	*gel-**i-yor-um*** (= ich komme)	*gel-**mi-yor-um***	*gel-**i-yor mu-yum**?*
	*gel**iyorsun*** (= du kommst)	*gel**miyorsun***	*gel**iyor musun**?*
	*gel**iyor*** (= er, sie, es kommt)	*gel**miyor***	*gel**iyor mu**?*
gül-	*gül-**ü-yor-uz*** (= wir lachen)	*gül-**mü-yor-uz***	*gül-**i-yor mu-yuz**?*
	*gül**üyorsunuz*** (= ihr lacht)	*gül**müyorsunuz***	*gül**üyor musunuz**?*
	*gül**üyorlar*** (= sie lachen)	*gül**müyorlar***	*gül**üyorlar mı**?*

Endet der Zeitwortstamm auf *-e* oder *-a*, so werden diese entsprechend der großen Selbstlautharmonie durch *-i, -ü* oder *-ı, -u* ersetzt.

iste-	*ist-**i-yorum*** (= ich möchte)	*iste-**miyorum***	*ist-**iyor muyum**?*
söyle-	*söyl-**ü-yorsun*** (= du sagst)	*söyle-**miyorsun***	*söyl-**üyor musun**?*
yaşa-	*yaş-**ı-yor*** (= er, sie, es lebt)	*yaşa-**mıyor***	*yaş-**ıyor mu**?*
oyna-	*oyn-**u-yoruz*** (= wir spielen)	*oyna-**mıyoruz***	*oyn-**uyor muyuz**?*

geniş zaman r-Gegenwart

Hat eher neutralen, verallgemeinernden und distanzierten Charakter. Drückt zudem ein eventuell mögliches Geschehen in der Zukunft aus.
Wenn der Zeitwortstamm auf Selbstlaut endet, folgt unmittelbar ein *-r*.

Stamm	bejaht	verneint	fragend
iste-	*iste-**r-im*** (= ich möchte)	*iste-**mem***	*iste-**r miyim**?*
	*iste**rsin*** (= du möchtest)	*iste**mezsin***	*iste**r misin**?*
	*iste**r*** (= er, sie, es möchte)	*iste**mez***	*iste**r mi**?*
anla-	*anla-**r-ız*** (= wir verstehen)	*anla-**mayız***	*anla-**r mıyız**?*
	*anla**rsınız*** (= Sie verstehen)	*anla**mazsınız***	*anla**r mısınız**?*
	*anla**rlar*** (= sie verstehen)	*anla**mazlar***	*anla**rlar mı**?*

Wenn der Zeitwortstamm mehrsilbig ist und auf Mitlaut endet, folgen *-ir, -ür, -ır, -ur*.

göster-	*göster-**ir-im*** (= ich zeige)	*göster-**mem***	*göster-**ir miyim**?*
götür-	*götür-**ür-sün*** (= du bringst hin)	*götür-**mezsin***	*götür-**ür müsün**?*
çalış-	*çalış-**ır*** (= er, sie, es arbeitet)	*çalış-**maz***	*caliş-**ır mı**?*
konuş-	*konuş-**uruz*** (= wir sprechen)	*konuş-**mayız***	*konuş-**ur muyuz**?*

Wenn der Zeitwortstamm einsilbig ist und (a) auf *-r* oder *-l* endet, folgen meistens *-ir, ür, -ır, -ur.*
Die übrigen einsilbigen auf Mitlaut endenden Zeitwortstämme erfordern (b) *-er, -ar.*

a) *gel-*	*gel-**irim*** (= ich komme)	*gel-**mem***	*gel-**ir miyim**?*
b) *iç-*	*iç-**ersin*** (= du trinkst)	*iç-**mezsin***	*iç-**er misin**?*

Fragen in der *r*-Form haben gleichzeitig den Charakter einer höflichen Aufforderung.

gel- *gel**ir misin**?* (= **Würdest du bitte** kommen?)

geçmiş zaman Vergangenheit

Entspricht dem Perfekt, weil es sich auf eine abgeschlossene Handlung bezieht. Auch bei dieser Endung gilt die große Selbstlautharmonie.

Stamm	bejaht	verneint	fragend
gel-	*gel-**dim*** (= ich bin gekommen)	*gel-**me-dim***	*gel-**dim mi**?*
	*gel-**din*** (= du bist gekommen)	*gel-**me-din***	*gel-**din mi**?*
	*gel-**di*** (= er, sie ist gekommen)	*gel-**me-di***	*gel-**di mi**?*
yap-	*yap-**tık*** (= wir haben gemacht)	*yap-**ma-dık***	*yap-**tık mı**?*
	*yap-**tınız*** (= Sie haben gemacht)	*yap-**ma-dınız***	*yap-**tınız mı**?*
	*yapt-**tılar*** (= sie haben gemacht)	*yap-**ma-dılar***	*yap-**tılar mı**?*

Das Vergangenheitsanhängsel kann auch als Vergangenheit von "sein" benutzt werden.

*hasta-**y-dım***	**ich war** krank
*uzak-**tı***	**es war** weit
*uzak mı**dı**?*	**war es** weit?
*uzak değil-**di***	**es war** nicht weit

gelecek zaman — Zukunft

Zeitwortstamm + *-ecek, -acak*

Stamm	bejaht	verneint	fragend
gel-	*gel**eceğim*** (= ich werde kommen)	*gel**meyeceğim***	*gel**ecek miyim**?*
	*gel**eceksin*** (= du wirst kommen)	*gel**meyeceksin***	*gel**ecek misin**?*
	*gel**ecek*** (= er, sie wird kommen)	*gel**meyecek***	*gel**ecek mi**?*
al-	*al**acağız*** (= wir werden nehmen)	*al**mayacağız***	*al**acak mıyız**?*
	*al**acaksınız*** (= Sie werden nehmen)	*al**mayacaksınız***	*al**acak mısınız**?*
	*al**acaklar*** (= sie werden nehmen)	*al**mayacaklar***	*al**acaklar mı**?*

Mit der Frageform kann auch „sollen/müssen" ausgedrückt werden.

*Fazla rakı iç**meyeceksin**.* — **Du sollst nicht** zu viel Raki trinken.

ulaç — weiterführende Zeitwortform

Für diese Wortart gibt es im Deutschen keine Entsprechung. Die *ulaç*-Formen weisen auf ein folgendes Zeitwort hin und bilden unter anderem temporale, modale und kausale Nebensätze. Der Form nach sind *ulaç* unveränderliche, von Zeitwörtern mit Endungen gebildete Wörter.

a) *-rken, -irken, -ürken, -ırken, -urken*

*Yemek ye**rken** konuşmam.* — **Beim Esse**n rede ich nicht.

b) *-ince, -ünce, -ınca, -unca*

*Eve gel**ince** telefon çaldı.* — **Als** ich nach Hause kam, klingelte das Telefon.

c) *-ip, -üp, -ıp, -up*

*Arabaya bin**ip** gelin.* — Steigt ins Auto **und** kommt.

d) *-erek, -arak*

*Şarkı söyle**yerek** calıştı.* — Er arbeitete Lieder **singend**.

takvim — Kalender

gün (= Tag)	***hafta*** (= Woche)	***ay*** (= Monat)	***yıl*** (= Jahr)
sabah (= Morgen)	*pazartesi* (= Montag)	*ocak* (= Januar)	*ilkbahar* (= Frühling)
öğle (= Mittag)	*salı* (= Dienstag)	*şubat* (= Februar)	*yaz* (= Sommer)
akşam (= Abend)	*çarşamba* (= Mittwoch)	*mart* (= März)	*sonbahar* (= Herbst)
gece (= Nacht)	*perşembe* (= Donnerstag)	*nisan* (= April)	*kış* (= Winter)
	cuma (= Freitag)	*mayıs* (= Mai)	
	cumartesi (= Samstag)	*haziran* (= Juni)	
	pazar (= Sonntag)	*temmuz* (= Juli)	
		ağustos (= August)	
		eylül (= September)	
		ekim (= Oktober)	
		kasım (= November	
		aralık (= Dezember)	

bir saniye (= eine Sekunde), *bir dakika* (= eine Minute), *bir saat* (= eine Stunde)

Saat kaç? (= Wie spät ist es?)

saat bir (= ein Uhr)
saat yarım (= halb eins)
saat bir buçuk (= halb zwei)
saat ikiye çeyrek var (= Viertel vor zwei)
saat ikiye beş var (= fünf vor zwei)
saat ikiyi altı geçiyor (= sechs nach zwei)

Saat kaçta? (= Um wie viel Uhr?)

saat birde (= um ein Uhr)
saat yarımda (= um halb eins)
saat bir buçukta (= um halb zwei)
saat ikiye çeyrek kala (= um Viertel vor zwei)
saat ikiye beş kala (= um fünf vor zwei)
saat ikiyi altı geçe (= um sechs nach zwei)

Grundzahlen

1 bir
2 iki
3 üç
4 dört
5 beş
6 altı
7 yedi
8 sekiz
9 dokuz
10 on
11 on bir
12 on iki
20 yirmi
30 otuz
40 kırk
50 elli
60 altmış
70 yetmiş
80 seksen
90 doksan
100 yüz
101 yüz bir
121 yüz yirmi bir
200 iki yüz
645 altı yüz kırk beş
1000 bin
100.000 yüz bin
1.000.000 bir milyon
1.000.000.000 bir milyar (bir bilyon)

Ordnungszahlen

1. birinci, ilk
2. ikinci
3. üçüncü
4. dördüncü
5. beşinci
6. altıncı
7. yedinci
8. sekizinci
9. dokuzuncu
10. onuncu
11. on birinci
12. on ikinci
20. yirminci
30. otuzuncu
40. kırkıncı
50. ellinci
60. altmışıncı
70. yetmişinci
80. sekseninci
90. doksanıncı
100. yüzüncü
101. yüz birinci
121. yüz yirmi birinci
200. iki yüzüncü
645. altı yüz kırk beşinci
1000. bininci
100.000. yüz bininci
1.000.000. milyonuncu
1.000.000.000. milyarıncı

WÖRTER A–Z

A
abla ältere Schwester 9
acaba? ob ... wohl? 131
acımak weh tun 127
açacak wird aufmachen 53
açık offen, hell 53
açılmak eröffnet werden 99
ada çayı Salbei 91
ağabey älterer Bruder 9
adınız Ihr/euer Vorname 15
affedersiniz entschuldigen Sie/ entschuldigt bitte 9
afiyet olsun guten Appetit 101
aile Familie 133
ait gehörend, angehend 127
Akdeniz Mittelmeer 83
aktarma yapmak umsteigen 79
akşam Abend 60
Allaha ısmarladık Auf Wiedersehen! (sagt der Gehende) 23
almak kaufen, nehmen 41
Alo! Hallo! 35
altıya çeyrek kala um Viertel vor sechs 81
alışmış gewohnt 107
alışveriş Einkäufe 40
aman meine Güte 115
amca Onkel (Vaterbruder) 20
Anadolu Anatolien 13
anne Mutter 20
araba Wagen 63
arak indem (angehängt:) 115
Arap Araber 25
arkadaş Freund, Kollege 23
armut Birne 87
Arnavut Albaner 25
artık (mit Verneinung:) mehr 95
arzu etmek wünschen 87
asker Soldat 39
aşık verliebt 127
aşure Kaltschale 92
ateş Feuer, Fieber 127
ayran Joghurtgetränk 101
az wenig 63
aziz Heiliger 123

B
baba Vater 20
bagaj Gepäck 79
bahçe Garten 91
bahis Wetten 135
bahşiş Trinkgeld 103
bakkal Krämer 52
bakmak schauen 29
bakır Kupfer 45
bal Honig 86
balık Fisch 83
bana mir 55
bardak Glas 107
bay Herr 35
bazen manchmal 119
başka andere, -r, -s 29
beğenmiyorum mag ich nicht 43
bedesten Teil des Basars 45
bekleme salonu Wartesaal 66
beklemek warten 101
ben ich 9
bence meiner Meinung nach 113
benim adım mein Name 15
benzin istasyonu Tankstelle 72
beraber zusammen 105
berber Herrenfrisör 45
bereket magische Kraft 123
bey Herr ... 9
beyaz weiß 43
beyefendi gnädiger Herr 15
bıçak Messer 92
bırakmak lassen, aufgeben 107
bilet Ticket, Fahrschein 63
bilgisayar Computer 135
bilmiyorum ich weiß nicht 23
binmek ein-, aufsteigen 67
bir ... daha noch ein ... 81
bir daha noch einmal 37
bir de außerdem 55
bir ein, eins 23
bir şey değil keine Ursache 17
bir şey yok nichts 17
birer je eines 105
birşey etwas 23
bit pazarı Flohmarkt 45
bitmek üzere gleich zu Ende gehen 37
biz wir 23
Boğazici Bosporus 40
bölge Gegend, Gebiet 11
boncuk Glasperle 121
börek Strudelpastete 92
bozdurmak wechseln lassen 47
bozuk kaputt 47
boş leer 81
boş ver mach dir nichts draus, pfeif drauf! 113
bu/bunlar dieser, diese, dieses/diese 41
buçuk halb 53
bud Schenkel 97
bugün heute 47
bulgur Weizenschrot 97
bulut Wolke 107
bunun için deshalb 115
burada hier 67
buralarda hier in der Nähe 53
buralı von hier stammend 73
büro Büro 61
bütün alle, ganze 49
Buyrun? Bitte? 35
büyücü Zauberer 123
büyük groß 27
buz gibi wie Eis, eiskalt 73

C
cami Moschee 52
can Seele, Sitz der Lebenskraft 89
can ... **sıkılıyor** in Unruhe sein, sich langweilen 127
canavar Monster 65
cep telefonu Handy, Taschentelefon 35
ciğer Leber 129
cin Dämon 123
cuma Freitag 52
cumartesi Samstag 52
Cumhuriyet caddesi Straße der Republik 53
cumhuriyet Republik 25
cüzdan Geldbeutel, Brieftasche 47

Ç
çağırmak rufen, einladen 133
çalışmak/çalışıyor arbeiten/arbeitet, funktioniert 61
çapkın Frauenheld 97
çare Abhilfe 127
çarşamba Mittwoch 52
çarşı Marktviertel 40
çatal Gabel 92
çay Tee 87
çek kartı Scheckkarte 49
Çerkez Tscherkesse 25
çeyrek ein Viertel 81
çeşit Sorte, Art 87
çıkış Ausfahrt, (-gang) 72
çıkmak hinaufgehen, herauskommen 73

çocuk Kind 20
çok sehr/viel,-e 21
çökelek Hüttenkäse 86
çorba Suppe 89
çünkü weil 69

D

dağ Berg 73
daha mehr, noch 41
dahil inklusive 101
dakika Minute 37
dayı Onkel (Mutterbruder) 20
de, -da in, bei (angehängt) 17
de auch 9
dede Opa 20
değil nicht/kein 21
değiştirmek ändern, tauschen 81
değmek berühren 121
deli verrückt, Verrückter 23
demet Blumenstrauß 71
demlemek ziehen lassen 91
demlik Teekanne 91
den, -dan von, aus (angehängt) 15
den, -dan als (bei Vergleichen) 27
den sonra nach 61
denemek versuchen 93
deniyebilir miyim? kann ich versuchen/anprobieren? 43
deniz Meer 113
ders Unterricht 113
devlet Staat 124
dış hatı Auslandsverbindung 78
dışarı heraus, hinaus 113
dikkat Achtung 72
dil Sprache, Zunge 13
din Religion 118
dinlenme tesisi Raststätte 66
direkt direkt 79
diye sagend 121
doğa Natur 77
doğru richtig 93
doktor Arzt 125
dolmuş Sammeltaxi 75
domates Tomate 86
dönmek umkehren, sich drehen 133
dönüş Rückfahrt 63
dört saatta bir alle vier Stunden 67
dövizci Wechselstube 49
doymak satt werden 95
duble etwa 1/4 l 105
dükkan Laden 40
dün gestern 130
dur Halt! 72
durak Haltestelle 75
düz eben, geradeaus 61

E

ebe Hebamme 124
eczane Apotheke 124
Efendim? Wie bitte? 11
Ege Ägäis 83
ekmek Brot 86
eksik fehlend, Mangel 89
elma Apfel 87
emanet Gepäckaufbewahrung 66
emniyet kontrolu Sicherheitskontrolle 78
en am meisten 61
erkek Mann 8
erken früh 93
Ermeni Armenier 25
eski alt 46
eskiden früher 99
estağfurullah nicht doch, ich bitte Sie 26
eşek Esel 72
et Fleisch 119
ev Haus 17
evet ja 9
evlenmek heiraten 119
evli verheiratet 127

F

fakat aber 47
falcı Wahrsager 123
fark etmez macht nichts, kein Problem 43
fazla übermäßig, mehr 89
feribot Fähre 78
fıçı Fass 104
fırsat Gelegenheit 40
fırın Backofen 98
fıstık Nüsse 97
fiat Preis 46
fincan Tasse 91

G

galiba wahrscheinlich 93
garson Kellner 86
gazete Zeitung 99
gazeteci Journalist 21
geç kalmak spät kommen 69
gece Nacht 60
gecikmeli verspätet 78
geldi er, sie, es ist gekommen 37
gelecek er, sie, es wird kommen 35
geliyorsunuz Sie kommen/ihr kommt 15
geliş Ankunft 78
gemi Schiff 83
genç jung 29
gene wieder 101
gerçekten wirklich, tatsächlich 41
getirmek herbringen 95
gezilecek yer Ort zum Spazieren, Besichtigen 73
gezmek spazieren gehen, besichtigen 29
gibi gleich wie 107
gidelim lasst uns gehen! 23
gidiyorsunuz gehen Sie/geht Ihr 11
gidiş Hinfahrt, Abflug 63
giriş Einfahrt, (-gang) 72
girmek hineingehen 115
gitmek gehen 29
giyim Kleidung 40
giyiyorsunuz Sie tragen 43
göbek Nabel 97
gömlek Hemd 43
görmek sehen, aufsuchen 125
görüşebilir miyim kann ich sprechen? 35
görüşmek sich wiedersehen, treffen 29
görüşürüz auf Wiedersehen 131
gözleme Pfannkuchen 99
gözlerinden öperim ich küsse deine Augen 26
güle güle Tschüs! (sagt der Bleibende) 23
güllaç Süßspeise aus Reisoblaten 93
gülmek lachen 95
gümrük Zoll 78
günaydın guten Morgen 35
gündüz tags 60
Gürcü Georgier 25
güreş Ringen 112
güzel schön, prima 15

H

haberleşmek miteinander kommunizieren 133
hafta sonu Wochenende 112
haklı olmak Recht haben 131
hala Tante (Vaterschwester) 20
halk Volk 117
halı Teppich 45
hamal Lastenträger 45
hangi welche(r, -s) 11
hanım Frau ... 15
hanımefendi gnädige Frau 15
haram unrein 58
harika super 99
hasta krank, Patient 125
hastane Krankenhaus 125
hatıra Andenken 130
hava limanı Flughafen 78
hava Wetter, Luft 113
haydi los, vorwärts 95
hayhay aber gewiss! 105
hayır nein 11
hazine Schatz 123
haşlanmış gekocht 86
hediye Geschenk 130
helal koscher 51
hemen sofort 69
hemşire Krankenschwester 124
henüz (mit Verneinung:) noch nicht 95
hep alle, immer 105
her jede/ -r,-s 75
herhangi bir irgendein 75
hesap Rechnung 101

Hıristiyan Christ 119
hiç bir şey gar nichts 107
hiç göstermiyorsunuz sieht man Ihnen überhaupt nicht an 27
hiç überhaupt 47
hissetmek fühlen 125
hoca Lehrer, Geistlicher 121
hoşça kal/ın Tschüs! 133
hoş bulduk! ich freue mich/wir freuen uns 11
hoş geldiniz! seien Sie/seid willkommen! 11
hoş nett, angenehm 101

I
ıhlamur Linde 91
ızgara Grill 98
iç hatı Inlandsverbindung 78
içecek bir şey etwas zu trinken 99
içeri herein, hinein 113
için für 55
içki Alkohol 104
iğne Spritze 124
ihtiyaç molası Pinkelpause 72
ilaç Medizin 124
ile/-le, -la mit 35
ilginç interessant 121
ilk erste-/r 69
ilkbahar Frühling 130
indirim Preisnachlass 40
inecek Aussteigender 72
inmek aus-, absteigen 69
inşaat Baustelle 72
inşallah hoffentlich 115
iptal Stornierung 78
ishal Durchfall 127
iskele Anlegestelle 83
istasyon Bahnhof 66
istiyorsun du möchtest 29
istiyorum ich möchte 29
iş Arbeit 21
işlem Abfertigung 78
iştah Appetit 103
işte da ist, sieh her 61
iyi gut, in Ordnung 17
iyi yolculuklar gute Reise! 67
iyiyim mir geht es gut 9

K
kabız Verstopfung 97
kaç beden welche Größe? 43
kaç yaşında? in welchem Alter? 27
kaç? wie viel? 27
kaçırmak verpassen 81
kadar bis 53, so viel wie 107
kadın Frau 8
kahvaltı Frühstück 87
kahve Kaffee 91
kahverengi braun 43
kalabalık Hektik, Gedränge 86
kalkmak abfahren, aufstehen 63
kalmadı ist alle, ist nicht geblieben 43
kalmak bleiben 69
kamara Schiffskabine 83
kamyon Lastwagen 72
kapalı geschlossen 52
kapı Tür, Flugsteig 81
Kara Deniz Schwarzes Meer 83
kardeş Geschwister 20
karnı aç hat Hunger 93
kartpostal Post-, Ansichtskarte 55
kaymak Rahm 86
kaşar Hartkäse 92
kaşık Löffel 91
kendi selbst, eigen, sich 125
kere Mal, -mal 69
kesinlikle ganz bestimmt 14
keyif Stimmung 103
keşkül Milchpudding 92
kırmızı rot 43
kısmet Geschick 130
kış Winter 130
kız Tochter 20
ki dass 131
kibar höflich 8
kilise Kirche 118
kim? wer? 17
kişi Person 63
kitap Buch 29
koca karı Kräuterweib 124
köfte Hackfleischbällchen 98
koku Geruch 91
kolay leicht 119
kontörlü mit Zähler 34
koridor Gang 79
kot Jeans 41
kötü schlecht 125
köy Dorf 60
koyu dunkel 91
koşmak rennen 115
kuaför Damenfrisör 45
küçük klein 27
kumar Glücksspiel 135
Kürt Kurde 25
kusura bakma nimm's nicht krumm 101
kuyumcu Goldschmied 45

L
Laz Lase 25
lazım nötig, erforderlich 75
leblebi geröstete Kichererbsen 109
levha Schild 72
lezzetli wohlschmeckend 87
lı mit (angehängt) 67
lık zu, soundso viel (angehängt) 55
liman Hafen 83
limon Zitrone 91
Lira Türkische Währung 46
lokanta Lokal 98
lütfen bitte 99
lüzum Notwendigkeit 125

M
maalesef leider 37
maden suyu Mineralwasser 98
mahalle Wohnviertel 45
makarna Nudeln 98
malzeme Zubehör 77
mantı türkische Ravioli 98
market Supermarkt, Kaufladen 53
mavi blau 43
Maşallah Gottes Segen 72
mektup Brief 55
menemen Ei mit Tomaten und Käse 86
memnun oldum sehr erfreut 15
memnun zufrieden 105
merak etmek sich sorgen, neugierig sein 131
meraklı neugierig 14
merhaba guten Tag!/Hallo! 9
mesela zum Beispiel 121
mesleğiniz Ihr, euer Beruf 21
meslek Beruf 21
meyhane Taverne 104
meyve Obst 97
meze Vorspeise 105
meşgul beschäftigt, besetzt 113
milyon Million 41
misafirperverlik Gastfreundschaft 14
misiniz? sind Sie/ seid Ihr? 9
moda Mode 98
mola vermek Rast einlegen 67
mor lila 43
muavin Fahrtbegleiter 66
muayene Untersuchung 124
Musevi Jude 25
muska Talisman 123
Müslüman Muslim 119
mutfak Küche 97
mutlu glücklich 25
müşteri Kunde 45

N
namaz rituelles Gebet 52
nargile Wasserpfeife 87
nasıl istersen/iz wie du willst/ Sie wünschen 93
nasılsınız? wie geht es Euch/Ihnen? 9
nazar böser Blick 121
ne demek? Was bedeutet das? 81
ne kadar wie viel? 41
ne yapayım? was soll ich tun? 69
ne zaman? wann? 29

ne? was?, wie? 15
neden warum? 49
nere? welcher Ort? 127
nerede? wo? 17
nereden? woher? 15
nereli? woher stammend? 73
nereye? wohin? 11
neyiniz var? was haben Sie/habt ihr? 17
neyse wie auch immer 107
nine Oma 20
normal olarak normalerweise 53
not/notunuz Mitteilung/Ihre Mitteilung 37
numaram meine Nummer 37
numarası seine, ihre Nummer 35

O

o er, sie, es/jene(-r), jenes 17
o kadar nur so viel, nicht mehr, dermaßen 89
o zaman dann, in diesem Fall 27
o/onlar jener, jene, jenes/jene 41
obur Vielfraß 97
öğle Mittag 60
öğrenci Studenten 20
öğrenmek lernen, erfahren 121
öğretmen Lehrer 21
oğul Sohn 20
Oh olsun Ätsch! 77
okumak lesen 29
olarak çalışıyorum ich arbeite als 21
olmak werden, sein, geschehen 81
olmasın soll nicht sein 89
olmaz geht nicht, unmöglich 49
olsun soll sein 47
olur geht, möglich 49
önce vorher, davor, zuerst 61
onlar sie 23
oralet heiße Brause 91
oraya dorthin 69
orta mittel 91
oruç Fasten 119
Osmanlıca Osmanisch 19
otogar Busbahnhof 60
otomat Automat 49
oturmak sitzen 79
otuz 30 27
öyle mi? wirklich?, tatsächlich? 27
öz Türkçe reines Türkisch 19
özel privat, besonders 124
özellikle besonders 73
özlemek vermissen, sich sehnen 133
özür dilemek sich entschuldigen 101

P

pahalı teuer 41
papaz Priester 119
para Geld 47
parça Teil, Stück 79
Pardon Verzeihung 8
pasaport Pass 49
patika Maultierpfad 77
paydos Arbeitsschluss 98
pazar Sonntag 52
pazar Wochenmarkt 40
pazarlık etmek feilschen 40
pazartesi Montag 52
peçete Serviette 98
peki in Ordnung, okay 47
pencere Fenster 79
peron Bahn-, Bussteig 67
perşembe Donnerstag 52
peynir Käse 86
pide Brotfladen 99
pilav Reisgericht 95
pipo Pfeife 87
pişmiş gekocht 99
piyes Theaterstück 117
plaj Strand 112
poğaca Mürbeteiggebäck 92
polis Polizei 65
porsiyon Portion 95
portakal Orange 92
posta postrestant postlagernde Post 55
postane Post 53
pul Briefmarke 55
puro Zigarre 87

R

rafadan weich (Ei) 86
rahatsız unwohl 125
rakı Anisschnaps 105
randevu Termin, Verabredung 125
reçel Marmelade 86
rejim Diät 97
renk Farbe 43
restoranlı vagon Speisewagen 66
rezervasyon Reservierung 63
Rom Roma 25
rötarlı verspätet 66
ruh Seele 129
Rum anatolischer Grieche 71

S

saat kaçta? um wie viel Uhr? 53
saat Stunde, Uhr 53
sabah Morgen 60
sade pur 91
sadece nur 49
sağ rechts 61
sağ ol danke 105
sağ olun danke Ihnen 105
sahaflar Antiquariate 45
salatalık Gurke 86
salı Dienstag 52
sanat Kunst 117
sargı Verband 124
sarhoş betrunken 104
sarmısak Knoblauch 89
sarı gelb 43
saz Langhalslaute 60
seans Aufführung 117
sebze Gemüse 97
selam söylemek grüßen 133
selamünaleyküm Friede sei mit euch 19
semaver Samowar 91
sen du 23
seneye nächstes Jahr 131
sergi Ausstellung 117
sevgili lieb, geschätzt, Liebling 131
sevinmek sich freuen 131
sıcak heiß 89
sıkmak quetschen 92
sigara içilir Raucher 67
sigara içilmez Nichtraucher 67
sigara Zigarette 87
simit Sesamkringel 92
sivri spitz 115
siyah schwarz 43
siz Sie, ihr 23
sol links 61
sonbahar Herbst 130
sormak fragen 99
soru Frage, Problem 73
soyadı Nachnamen 9
söyle sag! 23
söyleyin sagt!, sagen Sie! 23
söz vermek versprechen 133
su böreği Nudelpastete 92
su içmek Wasser trinken 73
sucuk Wurst 92
susadım ich bin durstig 99
süt Milch 89
sütlaç Milchreis 93
süzgeç Sieb 91

Ş

şarap Wein 104
şarkı Lied 89
şehit Märtyrer 123
şeker Zucker 89
Şerefe Prost! 109
şey Sache; hm, äh 15
şifali otlar Heilkräuter 124
şimdi jetzt 67
şimdilik gerade, vorübergehend 20
şirket Firma 61
şisman dick 97

T

tabak Teller 92
tabii natürlich, klar! 37
tahmin edin raten Sie/ratet! 27
tahıl Getreide 97
takmak anbringen, befestigen 121
taksi Taxi 75
takım Team, Set 112
tamam in Ordnung, fertig 87

tane Stück 55
tanışmak sich kennen lernen 131
taraf Seite 127
tatlı süß, Süßspeise 93
tavsiye etmek empfehlen 87
tavuk göğsü Hühnerbrust 95
taze frisch 87
taş Stein 115
tedavi Behandlung 124
telefon eder misin/iz würdest du/ würden Sie bitte anrufen 37
telefon kartı Telefonkarte 37
temiz sauber, anständig 119
teyze Tante (Mutterschwester) 20
teşekkür ederim danke 17
toplam insgesamt 101
torba Tüte 91
tren Zug 66
Türk malı türkische Ware 41
Türk Türke 25
Türkçe Türkisch 113
Türkiye Türkei 11
tutmak halten, mieten, anstellen 75
tuvalet Toilette 11

U

ucuz preiswert 41
uçak Flugzeug 79
uçmak fliegen 79
ücret Kosten 60
üzgün traurig 35
uğur Omen 121
unutmak vergessen 101
usul Methode 103
uyku Schlaf 127
uzak weit 69

V

vapur Dampfer 83
var es gibt, vorhanden sein 21
varış Ankunft 63
ve und 87
vedalaşmak sich verabschieden 133
vermek/verir misiniz geben/würden Sie bitte geben 55

Y

Ya siz? Und Sie/Ihr? 11
ya ..., ya entweder oder 75
yabancı Ausländer 26
yakın nahe 53
yalnız allein, bloß 95
yan Seite 49
yanımda bei mir 49
yapalım lasst uns machen! 23
yapıyorsunuz Sie machen/ihr macht 21
yara Wunde 127
yarım halb 81
yarın morgen 29
yasak verboten 72
yaşlı alt 27
yataklı vagon Schlafwagen 66
yavaş langsam 115
yaya zu Fuß 75
yayla Alm 73
yaz Sommer 75
yazın im Sommer 75
yazmak schreiben, geschrieben stehen 67
yazık schade 131
-ye, -ya hin, nach, zu 11
ye/-ya çalışmak versuchen zu ... 107
yedek Warteliste, Ersatz 78
yemek Essen 87
yeni neu 93
yer Platz, Ort 63
yeşil grün 43
yoğurt Joghurt 86
yok es gibt nicht 21
yol Weg 75
yorgun müde 107
yufka ausgerollter Teig 86
yumurta Ei 86
Yunan Grieche 71
yüzmek schwimmen 115

Z

zaman Zeit 113
zamanında rechtzeitig 79
zarf Umschlag 47
zeytin Oliven 86
zor schwierig 133